… ab jetzt immer …

Volker E. Sailer

# … ab jetzt immer …

## 100 Geschichten und Einsichten

2. Auflage

verlag linea

Verlag Linea Bad Wildbad 2023

*Weise mir,*
*Herr, Deinen Weg,*
*dass ich wandle in Deiner Wahrheit,*
*erhalte mein Herz bei dem einen,*
*dass ich Deinen Namen fürchte.*
*(Psalm 86, 11)*

© 2023 Verlag Linea, Bad Wildbad
Herstellung: ScandinavianBook / Druckhaus Nord GmbH, Neustadt a.d. Aisch
Lektorat: Gabriele Pässler, www.g-paessler.de

ISBN 978-3-939075-74-5

Eine russische Ausgabe (ISBN: 978-3-944772-97-4) ist erhältlich bei:
„Licht im Osten", Zuffenhauser Str. 37, 70825 Korntal;
Tel. 0711-8399080; Email: lio@lio.org

Kontakt zum Autor: Pfarrer i.R. Volker E. Sailer, Bischof em.
Mail: volker.sailer@sibirjak.de; Web: www.sibirjak.de

# Ab jetzt immer!
## Vorwort von Prälat i.R. Harald Stumpf

Eine Autobiographie der ganz besonderen Art erscheint in diesem Pandemie-Sommer 2021. Vor genau 50 Jahren – Sommer 1971 – hatte Volker Sailer die Pfarrstelle in Meckenbeuren übernommen. Damals war ich Konfirmand. Da es in unserer Kirchengemeinde fast keine Jugendarbeit gab, hat der junge Pfarrverweser mit uns Konfirmanden die Jugendarbeit angefangen.

Im Pfarrgarten waren Obstbäume. „Wer hilft mit, hier ein Volleyball-Feld anzulegen?", so fragte er im Konfirmanden-Unterricht. Volker Sailer hatte einen Traktor bei einem Bauern ausgeliehen und wir waren alle „am Start". Das war schon ganz besonders, mit dem Pfarrer auf dem Traktor durch den Ort zu fahren und „Welch ein Freund ist unser Jesus" zu trällern. Nach der Arbeit gab´s ein Schwäbisches Vesper und er betete zu Tisch und sprach mit Gott wie mit seinem besten Freund. Das war eine neue Erfahrung für mich.

Mit dem Konfirmanden-Jahrgang 1971/72 hat Volker Sailer einen Jugendkreis begonnen und Jungscharen angefangen. Und „Schwuppdiwupp" waren einige von uns zu Jungscharleiter geworden und wurden dazu in einem neuen Mitarbeiterkreis zugerüstet. Wir wussten ja gar nicht, was eine Jungschar ist.

Viele haben Gitarrenspielen gelernt und die „Mundorgel" rauf und runter gespielt. Schließlich mussten wir doch unsere „Ortshymne" begleiten können: „Auf de Schwäbsche Eisebahne". Aber nicht nur Mundorgel-Lieder, sondern auch die für uns ganz neuen geistlichen Lieder aus „Jesu Name nie verklinget". So wurde durch das Gitarre-Üben die Botschaft Jesu in unsere Familien getragen und in die Kinder- und Jugendarbeit. „Noch dringt Jesu frohe Botschaft in die dunkle Welt"!

Nach dem Motto: „Jeder Christ ein Gitarrist" und „Jeder Christ ein Missionar".

Im Religionsunterricht, im Konfirmandenunterricht und im Gottesdienst hat Volker Sailer so lebensnah biblische Geschichten erzählt und die Bibeltexte ausgelegt, dass Kinder, Jugendliche und Erwachsene gleichermaßen gespürt haben: „Ich bin hier gemeint. Die Botschaft der Bibel hat mit meinem Leben etwas zu tun." Heute würde man sagen, er konnte alltagsrelevant und authentisch zu einem Leben mit Gott einladen: „ab jetzt immer"!

Aus diesen Jugendgruppen sind einige in den hauptamtlichen Verkündigungsdienst gegangen. Auf die Bibelschulen in Bad Liebenzell, Unterweissach oder Aidlingen oder auch ins Theologie-Studium nach Tübingen. Volker Sailer hat uns viel zugetraut und manches ausprobieren lassen. So wuchs auch in mir der Wunsch, Pfarrer unserer württembergischen Landeskirche zu werden.

„99 erlebte Geschichten und Episoden" – typisch Volker Sailer: kreativ, witzig, erstaunlich, theologisch reflektiert und alltagstauglich gibt er Einblick in seine Berufsbiographie im Verkündigungsdienst an verschiedenen Orten und in unterschiedlichen Verantwortungsbereichen. „Mission heißt: zeigen, was man liebt!" (Fulbert Steffensky) Das wird in den 99 erlebten Geschichten sehr lebendig. Wer schreibt wohl die hundertste?

Ich wünsche dieser Autobiographie viele Leserinnen und Leser: „Ab jetzt immer!"

Prälat i.R. Harald Stumpf
Meckenbeuren, 30. Juni 2021

## Ab jetzt immer!
## Vorwort von Pastor Waldemar Benzel

Dieses Buch von Volker E. Sailer besticht mit seiner Ehrlichkeit, Praxisnähe und Authentizität. So kenne ich ihn: ehrlich, praxisorientiert und echt schon seit vielen Jahren. Mit ihm habe ich viel erlebt und durfte von ihm viel für mein Leben lernen.

Meine erste Begegnung mit ihm fand in Kasachstan statt, als eine Reisegruppe aus Deutschland unsere lutherische Gemeinde in Karaganda besuchte. Nach dem Gottesdienst fragte er mich, damals ein 14-jähriger Teenager, den er zum ersten Mal in seinem Leben sah, ganz direkt, ob ich an Jesus glaube. Ich weiß heute nicht mehr genau, was ich ihm geantwortet habe, aber es hat mich sehr herausgefordert und blieb fest in meiner Erinnerung.

Seine fröhliche, unbeschwerte und natürliche Art über den Glauben an Jesus zu sprechen, hat mich, den damaligen Jungen, überaus fasziniert. Der Leser dieses Buches wird sich ebenso herausfordernden Fragen stellen müssen. Aber ich darf versichern: Es lohnt sich!

Die zweite prägende und wegweisende Erfahrung durfte ich auf einer Evangelisationsreise nach Russland machen, die Volker organisiert hatte. Der verborgene Wunsch, vollzeitig in den Missionsdienst zu gehen, wurde damals neu in meinem Herzen entfacht. Die Erfahrung, dass Jesus der Sieger ist über alle dunklen Mächte, wurde bei dieser Reise real von uns erlebt. Auch das ist etwas, was dem Leser in diesem Buch immer wieder begegnen wird: Der Glaube an Jesus ist echt, vollmächtig, lebensverändernd und wegweisend.

Für etwas mehr als drei Jahre durfte ich mit Volker ganz eng im Einsatz in Sibirien sein. Es war eine herausfordernde Zeit für meine Frau und mich, damals als junge Familie, aber auch eine sehr prägende Zeit im persönlichen und geistlichen Sinn.

Scheinbar unendlich lange Wege haben wir zusammen im Auto, Zug und Flugzeug zurückgelegt. Viele Begegnungen und Gespräche sowie viele Begebenheiten haben wir erlebt.

So manche Geschichte aus dem Buch hat mich an diese gemeinsame Zeit, an Orte und Menschen erinnert. Oft musste ich beim Lesen schmunzeln, manchmal kamen mir die Tränen und oft saß ich nachdenklich da.

Volker hat seinen Mitarbeitern viel abverlangt, aber nie mehr, als er selbst bereit war an Einsatz zu bringen. So ist er – und so ist sein Buch: ehrlich, praxisnah und authentisch.

Korntal, 15.07.2021 Pastor Waldemar Benzel
(Ehemals Persönlicher Referent des Bischofs. Heute ist er Bereichsleiter für die Mission in den Ländern Russland, Ukraine, Armenien, Bulgarien und den Länder des Baltikums und der USA bei Licht im Osten.)

**Ab jetzt immer!**

Wie ich auf diesen Titel gekommen bin? Ganz einfach. In meinem Leben und Glauben habe ich vieles erlebt. Daraus habe ich fast hundert Geschichten aufgeschrieben, jeweils zwei Buchseiten. Mit je einer Bibelstelle und zwei Stichworten versehen, kann es zur wiederholten Lektüre anregen, vielleicht sogar, dass man diese Geschichte vorliest oder in ein Predigtkonzept einbaut.

Es geht nicht chronologisch zu, sondern bunt durcheinander, wie das Leben so ist. Aber ehrlich. Nicht alles ist mir gelungen. Manches habe ich versäumt. Vieles auch falsch gemacht. Über allem steht die Vergebung und das Staunen, dass Gott immer wieder weitermacht, wenn´s nötig ist, auch immer wieder neu anfängt. Mir blieb nur zu sagen: ... ab jetzt immer!

Dieses Büchlein wurde auch ins Russische übersetzt. Überhaupt ist es dazu entstanden, dass meine Glaubensgeschwister in Sibirien sich wiederfinden und sich gern an unsere gemeinsame Zeit erinnern. Man darf sich freuen. Man darf auch kritisch sein. Man darf auch gern seine eigenen Lebensgeschichten aufschreiben. Ich lese sie dann – versprochen.

Volker E. Sailer

Hier mein Kontakt: volker.sailer@sibirjak.de; www.sibirjak.de

**100 Geschichten
und Einsichten**

erlebt - erlitten

schmunzeln - bedenken

lesen - vorlesen

lachen – nachdenken

ärgern - vergessen

## 1. Die Güte des Herrn ist alle Morgen neu

Bei meinen Hausbesuchen entdeckte ich manchmal ein Kuriosum: Ein aufgeklebtes Puzzle, mal ein kleineres, gern aber die ganz großen mit vielen Teilen. „Endlich geschafft!", wird der geduldige Tüftler gesagt haben. Und damit er die „ganze Arbeit" nicht noch einmal hat, wurde das Geduldsspiel kurzerhand auf eine Holzplatte aufgeklebt und gut sichtbar in der Wohnung oder im Treppenhaus aufgehängt. Damit ja jedermann bewundern kann, wie geduldig und fleißig sein Meister war. Das Bild ist zwar fertig, aber die Geduld und der Fleiß sind es offenbar auch. Ist ein Puzzle nicht dazu da, dass man sich in Geduld übt, es immer wieder auseinandernimmt und immer wieder von vorne beginnt?

Fange auch in deinem Glauben immer wieder von vorne an. Rechne nicht mit dem, was du schon geleistet hast. Halte nicht fest, was sich bewegen soll. Das Leben ist immer in Bewegung und dein Glaube auch – hoffentlich! Gott wiederholt sich nicht. Kein Tag gleicht dem anderen. Jeden Menschen hat er anders gestaltet. Und genauso vielfältig sind die Wege, die er die Menschenkinder führt. Wir können keine Erfahrung mit Gott festkleben: Gott ist immer für eine Überraschung gut. Es fällt ihm immer Neues ein, wie er dich führen könnte. Heute so herum und morgen eben ganz anders.

Warum willst du etwas festhalten, das Gott in seiner künstlerischen Genialität immer wieder neu gestalten will? Warum soll eine mit Gott gemachte Erfahrung die einzige sein? Auch kann er mit dir so verfahren und mit deinem Nächsten kann er es noch einmal ganz anders machen. Wer will Gott Vorschriften machen, wie er heute mit uns handeln soll? Oder morgen? Er behält es sich vor, uns wunderbar zu führen, und, wenn nicht wunderbar, so doch wundersam.

Da kann dir die Spucke wegbleiben: Solche Einfälle hat nur Gott. Darum klebe nicht am Alten. Gott kannst du immer wieder neu erfahren. Rechne mit der täglich neuen Variante seiner Güte und Freundlichkeit.

*Herr, ich will bei dir das Staunen lernen.*

Klagelieder 3,22–23 | Aufgeklebtes Puzzle | Gott immer neu erleben

## 2. Der Glaube will ernst genommen werden

In unserem Dorf gab es eine Spankorbfabrik. Ein mir bekannter Mann hat mich mitgenommen, als er dort einen Hackklotz stehlen wollte. Ich war zwar noch ein Kind, aber ich sollte der Schmiere-Steher sein und gucken, ob keiner kommt. Es hat geklappt, niemand hat es gesehen.

Doch: Gott hat es gesehen. Als ich dann mit zwölf Jahren zum Glauben kam, fiel mir das wieder ein. Aber dem Mann, dem ich geholfen hatte, konnte ich es nicht sagen, obwohl er ein im Dorf bekannter Christ war. Wahrscheinlich hätte er für mein kindliches Gemüt nur ein müdes Lächeln übriggehabt: „Wie wenn das etwas ausmachen würde. Die Spankorbfabrik hat Hunderte solcher Holzrollen, diesen einen bemerkten sie gar nicht. Auf einen kommt es doch gar nicht an."

Doch, gerade auf diesen einen kam es an. Ich ging also in das Büro der Korbfabrik und wollte dort den gestohlenen Holzklotz bezahlen. Aber etwas Gestohlenes kann man nicht bezahlen. So schenkte die Frau vom Büro mir diesen Klotz, obwohl ich ihn gar nicht hatte, auch nicht haben wollte. Und sie schenkte mir noch ein paar Spankörbe dazu. –

Stelle dir das einmal bildhaft vor: Ich wäre mein Leben lang Christ gewesen und meine ganze Dienstzeit lang Pastor und Bischof, aber am Ende würde mich dieser blöde Holzklotz um meine ewige Herrlichkeit bringen. Das wäre furchtbar. „Der Glaube ist nicht jedermanns Ding." Aber ich hatte mir vorgenommen, nicht wider Gott zu sündigen. – Das muss man sich vornehmen. Und dann auch durchhalten.

Nicht jeder ist bereit, aber das gehört zum Glauben eben auch dazu: Ändern, was zu ändern geht! Zurückbringen, was gutzumachen ist! Ordnen, was geordnet werden kann! – Wenn ich von Treue rede, dann meine ich Genauigkeit, Exaktheit und Klarheit. Da kann man nicht fünfe gerade sein lassen! Da steht nicht mein Wille gegen Gottes Willen, sondern unter Gottes Willen. Dazu ist nicht jedermann bereit. Und du?

*Herr, ich will es genau nehmen.*

2. Thessalonicher 3,2 | Gestohlener Hackklotz | Ehrlich währt am längsten

## 3. Weise mir, Herr, deinen Weg

Junge Menschen sind oft ungeduldig. So war ich auch. Wenn ich meinen Herrn um Wegweisung gebeten hatte, dann sollte die Antwort unverzüglich kommen: „Weise mir, Herr, deinen Weg – aber sofort!"

Es war wieder einmal so weit, dass ich eine Entscheidung treffen musste, aber sofort. Und der Herr schwieg. Ich wusste nicht aus noch ein, doch ohne ihn wollte ich nichts entscheiden. Als Gott immer noch keine Regung zeigte, sagte ich ihm: „Hier ist ein Fünf-Mark-Stück, das werfe ich jetzt in die Höhe. Wenn der Adler oben liegt, werde ich dies tun, wenn die Zahl oben ist, das andere." Gesagt, getan. Ich warf die Münze über meinem Schreibtisch in die Höhe und sie kam eindeutig zum Stehen – und zwar auf der Kante. Das darf doch nicht wahr sein! Jede Münze hat bekanntlich zwei Seiten, meine aber hatte drei.

Da ich meine Entscheidung nicht länger hinausschieben konnte, musste ich noch einmal werfen. Und weil ich meinen Wankelmut kannte, nahm ich einen Zettel her und schrieb darauf: „Adler ist dies und Zahl das andere." So wollte ich mich zwingen, keinen Schmu zu machen. Jetzt musste die Entscheidung fallen, egal wie. Und sie fiel, die Münze – und wieder auf die Kante! Mir blieb der Atem weg.

Ein weiteres Mal wollte ich nicht mehr werfen. Gott wäre imstande gewesen, die Münze ein drittes Mal auf die Kante zu stellen: „Einigkeit und Recht und Freiheit". Was wollte Gott mir sagen? Was war mit meiner Entscheidung? Was soll ich von Gott erwarten, wenn er nicht will? Und was macht Gott mit mir, wenn er immer noch eine andere Möglichkeit hat?

Ich weiß heute beim besten Willen nicht mehr, um was es damals ging – sicher war es eine weltbewegende Angelegenheit ... Aber meine Erfahrung, dass Gott außer meinen beiden Vorschlägen immer noch einen dritten Weg hat – das habe ich nicht vergessen.

*Herr, ich weiß: Du hast immer noch eine Möglichkeit.*

Psalm 27,11 | Münze mit drei Seiten | Wegweisung Gottes

## 4. Ehe sie rufen, will ich antworten

Es gibt Zeiten, an die man sich nicht gern erinnert. Ich kenne das auch. Es war eine Zeit mit Krankheit und Arbeitslosigkeit. Langweilig war es mir aber keineswegs; als ich ein bisschen besser dran war, habe ich mir fürs Briefeschreiben Zeit genommen. Es waren nicht irgendwelche Briefe, sondern ernste, seelsorgerliche und Antwortbriefe an junge Menschen, die schon lange hätten geschrieben werden müssen. Und es lief mir gut von der Hand. Nur ein Handikap gab es: Ich hatte keine Briefmarken und kein Geld. Aber da es "fromme und wichtige Briefe" waren, konnte ich ja den Herrn bitten, dass er mir Marken beschafft. Wie – das sollte seine Sache sein. Also betete ich und legte ihm alles vertrauensvoll hin.

Der Tag verging. Der Abend kam, aber keine Marken kamen und keine Besucher mit Marken. Es war der EC-Abend. Ich konnte also damit rechnen, dass nach der Jugendstunde die Freunde mich noch besuchen kommen. Sicher hatte jemand von Gott den Auftrag, mir Marken zu bringen. Aber es kam niemand. Ich habe extra das Hoftor noch einmal aufgeschlossen, damit wirklich jemand kommen konnte. Auch das half nichts. Es ging auf Mitternacht zu und meine Gewissheit verblasste von Minute zu Minute. "Du hast nicht richtig gebetet. Du hast nicht wirklich vertraut." Diese und andere Selbstvorwürfe machte ich mir.

Im Bücherregal stand ein „Trostbüchlein", ein junger Freund hatte es mir einmal zum Geburtstag geschenkt. Damals brauchte ich keinen Trost und habe es unbesehen ins Regal gestellt; aber jetzt hatte ich Trost bitter nötig. Ich schlug es auf, um ein schönes Wort zu finden, da fiel mir ein Fünf-Mark-Schein heraus. Mehr brauchte ich in diesem Moment nicht – das war Trost genug und genug für Briefmarken. Jahrelang hatte dieser „Trost" schon in meinem Regal gewartet. Als mir um Trost sehr bange war, da hat ihn Gott mir geschenkt, längst schon eingefädelt und vorbereitet: Ehe ich rief, hatte er mich erhört. – Nicht immer fällt uns Geld zu, aber Trost dürfen wir von ihm erwarten. Manchmal gibt Gott auch beides. Er hat's.

*Herr, du gibst Trost zur rechten Zeit. Halleluja!*

Jesaja 65,24 | Unbeachtetes Geschenk | Gott hört vor dem Beten

## 5. Bei Gott bin ich sicher

Mit der Familie waren wir in der schönen Schweiz im Urlaub. Es war heiß, da war ein Badetag gerade das Richtige! Das Schwimmbad war voll; wir fanden aber doch noch ein schattiges Plätzchen mit einem guten Blick auf den Zehnmeterturm. Unser Größter hatte gerade das Turmspringen entdeckt. Diesmal nahm er seinen jüngeren Bruder mit auf den Sprungturm – nur, so hoch hatte der sich noch nie hinaufgewagt. Der große Bruder sprang, noch nicht formvollendet, aber schon ganz mutig.

Nun stand der Jüngere ganz allein auf der Plattform. Er wollte schon wieder die Leiter heruntersteigen, aber wir riefen ihm alles Mögliche zu, das ihn ermutigen sollte. Er zögerte. Er wollte nicht feige sein, aber mutig genug war er auch nicht. Nun, ich will es nicht so spannend machen; jedenfalls steht er heute nicht mehr dort oben. Wie kam's?

Plötzlich geht er auf der hohen Plattform ganz nach hinten. Ich dachte, jetzt nimmt er Anlauf. Das tat er auch, aber ganz anders, als man das so denkt: Er faltete seine Hände und betete. Was? Nun, Gott hat es gehört – und das halbe Schwimmbad hat zugeschaut, wie ein kleiner Grundschüler sich im Gebet Mut holte.

Der Sprung gelang. Es war sein einziger an diesem Tag. Ich dachte bei mir: Wenn das nur recht viele Menschen gesehen haben und sich daran ein Beispiel nehmen. – Im Gebet Mut holen. Im Gebet Anlauf nehmen. Im Gebet sich selbst überwinden und einfach springen. Vertrauen und springen. Wenn das nur immer so leicht wäre!

Wann hast du zum letzten Mal einen großen Sprung gewagt? Ich meine nicht einen ins Wasser. Einen großen Schritt im Leben. Einen großen Schritt aus dir heraus. Einen kleinen Schritt auf jemanden zu. Einen mutigen Schritt nach vorne in die Öffentlichkeit. Einen gewaltigen Schritt in den Dienst. Einen Schritt in die Mission.

Du darfst auch beten. Falte deine Hände, senke deinen Kopf und rede mit deinem Herrn. Rechne damit, dass er dich sieht, und fühle dich bei ihm sicher und geborgen. Mit ihm kannst du über Mauern springen (Psalm 18,30).

*Herr, bei dir fürchte ich mich nicht.*

Jesaja 12,2 | Sprung in die Tiefe | Gott gibt mir Mut

## 6. Jesus ist unser Nothelfer

Manchmal haben wir unsere beiden kleinen Buben zusammen in die Badewanne gesteckt. Dort spielten und planschten sie; sich zu waschen, daran hat natürlich keiner von beiden gedacht. Die Mutter, na klar, aber die hatte sich in der Küche beschäftigt, die Buben waren ja versorgt.

Plötzlich rief Michael ganz laut: „Mama!" Die rast mit Tempo ins Bad. Da lag Tobias unter Wasser. Sie zog ihn schnell heraus, aber er hing wie leblos auf ihren Armen. Jetzt schrie sie nach mir und nach Gott. Das geht unter Umständen gleichzeitig.

Ich sauste vom Amtszimmer in die Wohnung. Aber auch mir blieb nichts anderes mehr übrig, als ebenfalls zu Gott zu rufen: „Jesus, Jesus, Jesus!" So heißt das bei mir immer. Die Telefonnummer Gottes sagt es so: Rufe mich an in der Not, so will ich dich erretten und du sollst mich preisen! – Und die Bibel verheißt: Wer den Namen des Herrn anrufen wird, der wird errettet. Joel 3,5.

Und was tat Jesus? Er nahm den Notruf an, hörte unser hastiges Gestammel und wusste, was er tun sollte. Denn Jesus sagt: Gott weiß, was ihr bedürft, ehe ihr ihn bittet. Matthäus 6,8.

Ach, waren wir glücklich. Mit dem Kopf nach unten bekam der kleine Mann noch das letzte Badewasser aus der Lunge geklopft. „Glück gehabt" –

so heißt es dann, und wir gingen wieder zur Tagesordnung über. Nur unser Michi belehrte uns noch deutlich: „Jesus t'elft (geholfen) hat!" Er konnte es noch nicht einmal richtig aussprechen, aber er kannte die Wahrheit. Und die muss gesagt werden: Jesus hat geholfen!

Es ist ja beschämend, dass Kinder ihre Eltern belehren müssen. Obwohl sie es wissen, vergessen sie doch das Danken. Der schönste Dank wäre vielleicht der, dass wir anderen weitersagen, wie oft uns Jesus schon geholfen hat. Nicht nur einmal, nicht nur zweimal.

Der Glaubensvater Jakob war so ein Anrufer Gottes. Gerade nach einer guten Erfahrung heißt es von ihm: Jakob rief an den Namen des starken Gottes. 1. Mose 33,20. In jeder Telefonzelle müsste zu lesen sein: Rufe mich an, so will ich dir antworten. Jeremia 33,3. – Gut zu behalten: 333. Fasse dich kurz! Nur ein Name, nur der Name Jesus Christus.

*Herr, ich will das ausprobieren und dich täglich anrufen.*

Psalm 50,15 | Badeunfall | Gebet als Notruf

## 7. Vom Wert der Verschwiegenheit

Ich fand als Schuljunge zu Jesus, oder er zu mir. Gleich danach habe ich angefangen, in der Gemeinde mitzuarbeiten: Kinderbund und Jungschar, später Jugendkreis und Freizeiten. Ich ging zu jeder Gebetsstunde oder Versammlung vorbereitet hin: „Es könnte ja der Prediger ausfallen." Das Gegengewicht zum Verkündigungsdienst ist das Verschweigen von persönlichen Problemen. Ein Verkündiger braucht auch das Vertrauen einer integren Person. Das kann die Ehefrau sein oder ein guter Freund. Für mich waren das meine Großeltern. Und das kam so:

Ich hatte im Nebengebäude ein Zimmer für mich. Wenn ich abends heim kam, meldete ich mich im Haus zurück. Da gab es immer auch noch einen „Mitternachtssnack". Dann stand ich am Fußende der Betten von Oma und Opa, futtere etwas und erzählte. Ich konnte meinen Frust loswerden, den gab es hin und wieder auch. Ich konnte berichten, was alles gelaufen war, wer da war und wer gefehlt hat und warum. Ich durfte belastende Dinge abschütteln und kritische Situationen nennen.

Aber dann habe ich gemerkt, dass es intime Angelegenheiten gibt, die ich besser für mich behalte. Ich wollte niemanden in ein schlechtes Licht bringen. Übles Nachreden lag mir fern. Vor allem wollte ich meinen Mund verschließen, wenn mir seelsorgerlich jemand etwas anvertraut hatte. Mein griffiges Motto war:

> Niemand soll immer
> alles wissen wollen müssen.

Einfühlsame und verschwiegene Menschen gibt es wenige, Schwätzer dagegen zahlreich. Verschwiegenheit ist erstrebenswert. Wer einmal enttäuscht wurde, weil seine Beichte „ausgetragen" wurde, der verliert das Vertrauen in den Seelsorger und vielleicht auch den Glauben an Gott. Herr, vergib uns unsere Schuld, wie auch wir vergeben unsern Schuldigern. Dieses Gebet erzieht uns, unsere Schuld vor Gott zu bringen, das angetane Leid allen Menschen zu erlassen und wieder ein harmonisches Verhältnis herzustellen.

*Herr, ich will – wie du – allen vergeben, um Vergebung zu empfangen.*

Kolosser 3,13 | Suche ein offenes Ohr | Ich habe nichts zu verbergen

## 8. Man kann Gott um alles bitten

Ich trinke schon immer gerne Kaffee, guten Kaffee, starken Kaffee und zu viel Kaffee. Im Herbst 1967 trat ich ein in die Missionsschule der Liebenzeller Mission. Von Haus aus hatte ich dabei keine Unterstützung. Darum verkaufte ich alles, was ich jetzt nicht mehr brauchte, z. B. mein Auto. Ich gab meine Kleinstwohnung auf, zahlte geliehenes Geld zurück und deckte mich noch mit ordentlicher Kleidung ein. Ich musste ja nun fünf Jahre im Seminar leben.

Mit 20 Mark fing ich an, wissend, dass ich davon werde leben müssen, ohne ein anderes Einkommen. Und dem Herrn Jesus sagte ich es so: „Herr, ich habe bisher alles für dich gegeben, jetzt bist du dran." Ich legte ein Vokabelheftchen an, in dem ich alle meine Ausgaben eintrug: 20 Pfg. Mineralwasser, 20 Pfg. Frisör usw. Aber eines wollte ich nicht: Von diesem Geld auch noch Kaffee kaufen. Lieber bat ich den Herrn: „Wenn du willst, dass ich Kaffee trinken darf, dann musst du mir den extra schenken." Und so war es dann die ganze Seminarzeit lang. Ich war gut versorgt. Einmal war morgens nur noch wenig Nescafé da. Ich fragte meinen Zimmerkollegen: „Kaffee, jetzt oder heute Mittag?" – Er: „Jetzt, bis heute Mittag haben wir wieder welchen!" – Und so war es.

Einmal war wirklich alles aus. Und wir tranken morgens Tee. Er betete: „Herr Jesus, wir danken dir für den Tee, aber Kaffee wäre uns lieber gewesen. Amen." Und am Nachmittag bekamen wir wieder Kaffee geschenkt.

Vielleicht denkt jemand, Kaffee sei Luxus. Richtig, deshalb wollte ich mir auch keinen kaufen. Luxus lässt man sich schenken. Und Gott lässt sich nicht lumpen. Er schenkt auch gern, was uns Freude macht. Er gibt mehr, als wir zu beten und zu hoffen wagen. Gerade im Überfluss ist er sehr groß.

Gott gibt gerne große Gaben,
ach, dass wir nur so kleine Herzen haben.

Der Optimist freut sich, dass Gottes Becher überfließt, nur der Pessimist jammert: „Dann muss ich womöglich noch den Boden aufwischen."

*Herr, ich will von deinem Überfluss leben.*

Psalm 23,5 | Kaffee extra | Gott um Luxus bitten

## 9. Dein Wort ist meines Fußes Leuchte

Stimmt das nun, was in Psalm 119,105 steht, oder ist das nur ein schöner Konfirmandenspruch? Jeder kann ja damit seine eigenen Erfahrungen machen, wie mit allen Gottesworten. Die Summe wird sein: Auf Gottes Wort ist Verlass! – Verlass dich drauf! Hier eine wunderbare Erfahrung aus dem besonderen Alltag eines Jungscharleiters.

Mit der Jungschar planten wir ein Zeltlager. Alle freuten sich darauf. Für mich als Leiter stellten sich die Fragen: Wo, wann und wie? Durch die Einladung von Freunden fand das Wo bald eine Antwort und auch weitgehend das Wie. Das Wann machte mir noch Kopfzerbrechen. Ich wollte doch genau nach Gottes Plan vorgehen. Es musste alles stimmen, sonst konnte kein Segen darauf liegen. Ich betete lange um Weisung: „Wann sollen wir das Lager beginnen? Und wann beenden?"

Die Zeit schritt voran, aber ich bekam im Gebet keine Weisung. In solchem Fall ist es gut, die Bibel herzunehmen. Aber wie soll sie mir einen Termin im 20. Jahrhundert angeben? Da verfiel ich auf den Gedanken, ein Los zu ziehen, ein kleines Kärtchen mit einem Bibelwort darauf, herausgezogen aus einem ganzen Stapel. Dieses Wort wollte ich dann im blauen Herrnhuter Losungsbuch suchen. Das sollte der Beginn unseres Zeltlagers werden. Was aber, wenn dieses Bibelwort erst im Herbst oder im Winter im Losungsbuch steht oder überhaupt nicht?

Ich wollte nicht zweifeln. Es stellte sich schließlich heraus, dass genau dieser Bibelvers die Tageslosung am Anfang der Schulferien war. Ich war ganz glücklich und gewiss. Wie aber erfahre ich nun, wann die Freizeit zu Ende sein soll? Einem inneren Eindruck folgend nahm ich einfach drei Wochen an. Das war gewagt, denn so lange waren wir noch nie weg. Und was stand für eine Losung über dem angenommenen Abreisetag? „Er zog aber seine Straße fröhlich!" Ja, so wollten wir es machen. – Leider funktioniert es nicht immer so einfach. Aber mutig und glaubensgewiss darf man sein, oder?

*Herr, führe mich durch dein Wort zur Gewissheit.*

Apostelgeschichte 8,39 | Zeltlager | Führung durch Bibelworte

## 10. Niemand kann zwei Herren dienen

Wir saßen zum Abendbrot am Tisch. Unser Ältester thronte auf seinem Kindersitz und sah ganz interessiert auf dem Tisch herum. Ich fragte ihn: „Michi, was willst du essen? Willst du Wurst oder Käse?" Er ganz altklug und wissend: „Nehm' ich Oder!"

Zunächst haben wir herzhaft gelacht. Das war ja auch eine Möglichkeit, jedenfalls für den kleinen Mann: Ich nehm' nichts von diesem und auch nichts von jenem, ich nehm' das in der Mitte, ich nehme „Oder".

Später fiel mir diese Episode immer wieder ein und wurde mir zum Symbol für uns Menschen, die wir uns oft nicht entscheiden können. Nicht das eine und auch nicht das andere. Manchmal gibt es ja auch den sogenannten „goldenen Mittelweg", aber oft gibt es ihn gerade nicht. Meistens muss man sich entscheiden, ob man will oder nicht, oder?

Manche von uns sind ganz schlau, die nehmen beides (Wurst und Käse). Aber das ist „nicht ganz koscher". Und im Leben ist es uns selten vergönnt, beides nehmen zu können. Immer wieder müssen wir uns entscheiden – und das fällt manchmal recht schwer.

Wenn es um das ewige Leben geht, dann, so meint Jesus, kann man nicht zwei Herren dienen.

Entweder dem Mammon oder Gott. Entweder ist Licht in dir oder Finsternis. Sorgen oder Vertrauen. Du hast Angst oder du bist geborgen. Du hängst dein Herz an die Dinge dieser Welt oder du bist frei davon, weil du einen Schatz im Himmel hast. Nach einem langen Leben, nach üppigem Wohlstand und tollem Vergnügen trachten die Heiden, das ist ihr Ideal. Christen dagegen trachten nach dem Reich Gottes und dass sich seine Gerechtigkeit ausbreitet.

Wie hast du dich entschieden? Ich meine einmal „grundlegend"? Wie entscheidest du immer wieder aufs Neue? Und im speziellen Fall?

*Herr, hilf mir zu einer klaren Entscheidung.*

Matthäus 6,24 | Am Abendbrottisch | Die Qual der Wahl

## 11. Wer gestohlen hat, stehle nicht mehr

Wir wollten „Indianer" spielen. Da kam uns die französische Flagge in Nachbars Garten gerade recht: Ich schlich nachts hin und entwendete die als Vogelscheuche missbrauchte Fahne. Als ich dann zum Glauben an Jesus gekommen war, wollte ich die Fahne zurückbringen, aber der feindliche Indianerstamm hatte sie uns geraubt. Wie sollte ich nun mein Gewissen erleichtern? So ging ich zur Nachbarin und beichtete ihr meinen Diebstahl. Sie war so froh, dass ein Junge es mit dem Glauben und dem Ordnen der alten Dinge so ernst nahm, dass sie mir zwei Äpfel schenkte. Ich war begeistert: Die Sünde war vergeben, die Schuld in Ordnung gebracht, die Strafe erlassen, sogar belohnt wurde ich noch für meine Ehrlichkeit. So ist Gott, dachte ich.

Gleich am nächsten Tag ging ich in unseren Dorfladen und bekannte dort, dass ich einmal eine ganz kleine Mundharmonika gestohlen hatte. Aber der Krämer war gar nicht erfreut. Er schimpfte mich aus, ließ mich das Instrument bezahlen und erzählte dies dann nachher noch seiner neugierigen Kundschaft weiter. Das erfuhr natürlich auch meine Mutter, und dann hat es etwas abgesetzt! Ich war so enttäuscht, dass es nicht so lief wie bei der Fahne. Mein karges Taschengeld war auch weg. Aber ich war gerechtfertigt! Trotz der Schmach und Strafe, die ich zu ertragen hatte, war das doch eine kolossale Erleichterung. Ich musste es mir aber sehr genau klarmachen:

Meine Sünde war mir durch Jesu Blut vergeben. Ich hatte alles vor einem Seelsorger gebeichtet.

Mein Diebstahl war aufgedeckt und die Strafe erfolgt.

Der Geschädigte war entschädigt worden, auch wenn er nun selber durch das Gerede Schuld auf sich lud.

Ich war frei und konnte allen Menschen wieder in die Augen sehen. Und einmal werde ich auch Gott in die Augen schauen können.

Alles war mir eine Lehre: Wer gestohlen hat, der stehle nicht mehr!

*Herr, ich will mit meinen Händen Gutes tun und nicht stehlen.*

Epheser 4,28 | Die gestohlene Mundharmonika | Alles wiedergutmachen

## 12. „Gell, Sie mögen mich?"

Im deutschen Gottesdienst, den wir jeden Sonntag um 10 Uhr in unserer Christuskirche in Omsk hatten, erschien auch immer wieder ein einfältiger Mann. Sein Vater war blind. Ihn musste er schon als Kind täglich an eine bestimmte Stelle führen, wo er mit seiner Handharmonika bettelnd musizieren oder musizierend betteln konnte. So war auch dem Jungen weitgehend die Schule erspart geblieben. Darum, als seine beiden Eltern gestorben waren, hatte er nichts anderes gelernt, als zu betteln. Und er tat es wie sein Vater: mit der Harmonika in einer Straßenunterführung.

Er kam fast regelmäßig zum Gottesdienst, aber grundsätzlich zu spät. Zwar hatte er eine Bahnreise von mehr als 50 km zu machen; dass er zu spät kam, lag aber nicht am Fahrplan, sondern an der Art und Weise, wie er ging: Er hatte einen Schlendrian drin und torkelte manchmal in die Kirche, als wäre er betrunken. Manchmal hatte er auch Hunger, also richtigen Hunger, und war zu schwach, um sich gerade zu halten. Während des Gottesdienstes konnte er zwei- oder dreimal 'rausstolpern. Das störte alle. Auf mein Befragen hin sagte er, er ginge nicht zur Toilette, sondern wolle nur nachschauen, ob die Diakoniestation „Sozialdienst" schon offen wäre und er etwas bekommen könnte – oder doch wenigstens die Küche, denn da gab es in der Pause immer etwas.

Einmal hatte er mich besonders aufgeregt. Ich versuchte es zu überspielen, aber in mir kochte es: „Weiß der denn nicht, was sich gehört?! Jeden Sonntag stört er meine Predigt. Heute setzt es was ab!" Ich wollte ihn sehr deutlich zur Rede stellen. Nach dem Gottesdienst holte ich tief Luft und ging mit ernster Miene auf ihn zu. Er aber strahlte mich an: „Gell, Sie mögen mich?" Ich schluckte – und schluckte noch einmal. Und dann brachte ich nur noch heraus: „Ja, ich freue mich, dass Sie da sind." War das ganz gelogen oder nur halb? Oder stimmte es etwa nicht, dass ich ihn liebte oder doch wenigstens zu lieben habe? Warum sollte ich ihn abkanzeln, wo er sich doch so über den Kontakt zur Gemeinde freut?

*Herr, lass mich die mögen, die deine Liebe brauchen.*

1. Petrus 4,8 | Der ungeduldige Bettler | Entwaffnende Liebe

## 13. Tödliches Schweigen

Manchmal hätte ich mir auf die Zunge beißen können – aber in der Regel merkte ich es erst hintennach: Diese flapsige Bemerkung hätte ich lieber für mich behalten sollen! Doch da war sie schon herausgerutscht. Ich hatte schon immer Probleme mit dem zu schnellen Reden und dem zu vielen Reden, obwohl ich weiß, was die Bibel dazu meint (Sprüche 10,19): Wo viele Worte sind, geht es nicht ohne Sünde ab! Aber so war ich nun einmal. Sollte ich so bleiben? Ich könnte mich ja verändern. Ich könnte ja an mir arbeiten, auch wenn es Rückschläge geben sollte.

Von meiner Großmutter wusste ich, dass Schweigen lauter sein kann als Reden. Hatte ich als Kind wieder mal etwas verbockt, dann schwieg sie einfach. Sie redete kein Wort, kein böses Wort, aber eben auch kein liebes Wort, noch nicht einmal ein normales, alltägliches. Das war für mich furchtbar auszuhalten: Wenn sie doch wieder etwas sagen würde! Wenn sie mir wenigstens einen Auftrag geben würde! Aber nichts, gar nichts. Und ich war wie erlöst, wenn sie wieder zu sprechen anfing: „Hole mir mal Kohlen vom Keller! – Du kannst die Hühner füttern! – Man sollte den Garten gießen!" Es war mir alles recht, wenn sie nur wieder mit mir redete. Ihr Schweigen war für mich tödlich.

Jesus hatte diese Erziehungs-Methode auch einmal angewandt: Wir lesen in Matthäus 26,63, dass Jesus vor dem Hohenpriester schwieg. Dieser konnte wissen, wer Jesus war, denn die Heilige Schrift hatte schon lange davon gesprochen, dass der Messias kommen würde und als Gottesknecht leiden müsste. Dabei würde er still sein wie ein Lamm, das zur Schlachtung geführt wurde (Jesaja 53,7). Dieses Wort wird alle Hohenpriester und Schriftgelehrten richten, weil sie es wussten, aber nicht glaubten oder nicht glauben wollten. Sie wollten ihn umbringen.

Pontius Pilatus war ein römischer Heide. Er wollte Jesus eine Chance geben und ihn freilassen. Aber auch ihm gegenüber schwieg Jesus. Matthäus 27,14. Dieses tödliche Schweigen ...

*Herr, sprich nur ein Wort, so wird meiner Seele geholfen.*

## 14. Christus-Kirchen- und Begegnungszentrum Omsk

Für die Deutschen in Russland wurde im Jahr 1994 in Omsk die Christuskirche eingeweiht. Diese Backsteinkirche ist eine der ersten neuen Kirchen in Russland seit der Oktoberrevolution 1917. Die Gemeinde gehört zur Evangelisch-Lutherischen Kirche Ural, Sibirien und Ferner Osten (ELKUSFO). Die von einem Göttinger Architekten entworfene Kirche wurde beim Allrussischen Architekten-Wettbewerb in Moskau 1996 mit dem 3. Preis ausgezeichnet.

Der Planer wollte unbedingt, dass auch eine Orgel eingebaut wird. Aber die klimatischen Verhältnisse Sibiriens mit den extremen Temperaturschwankungen machen ein pneumatisches Werk kaputt. Und wenn man erst noch die Heizkosten zur Klimatisierung bedenkt! Also entschied man sich für eine kleine Truhenorgel, damit doch wenigstens ein kleines Instrument den Gesang begleite.

Erst nach langem Suchen fand sich ein Orgelbauer, der bereit war, ein so kleines und dürftiges Instrument zu bauen. Und ziemlich bald stellte sich auch ein Problem ein: Im Winter riss die dünne Membran an der Windlade. Aus der Traum! Und das fast jedes Jahr. Noch einen letzten Versuch wollte man machen, um die Truhenorgel wieder in Gang zu bringen.

Der Orgelbauer kam und machte den Kasten auf. Da sah ich auf der Windlade den handgeschriebenen Zettel (auf Russisch natürlich), mit dem sich der Orgelfachmann Luft und ein freies Gewissen verschafft hatte. Zu lesen war: „Gott möge mir die Sünde verzeihen, dass ich dieses Instrument gebaut habe." Vermutlich hatte ihn dieser Auftrag manche schlaflose Nacht gekostet.

Inzwischen behilft man sich mit einem elektronischen Instrument und einem Klavier. Aber was ist das gegenüber einer Orgel, der „Königin der Musikinstrumente"?

*Herr, ich singe dir mit Herz und Mund.*

Psalm 19,13 | Zettel im Orgelkasten | Vor Gottes Augen

## 15. Sein Name ist: Das Wort Gottes

Bei einem Hausbesuch wollte ich gerne die viel gerühmte Familienbibel sehen. „Herr Pfarrer, bei uns wird die Bibel ganz hochgehalten!" Ich wollte dies auch nicht bezweifeln, aber was ich sonst aus diesem Haus hörte, das klang nicht so sehr danach, dass die Bibel hoch im Kurs stünde: Alkoholprobleme des Vaters und Tratschsucht der Mutter und das Ausbüchsen der Kinder. Es war keine Familie, die durch die Bibel bestimmt war. Aber wo ist dies überhaupt zu finden?

Wer in sein eigenes Leben schaut, wird mir Recht geben. Wer Kinder erzogen hat, der weiß, wie schwierig das werden kann. Und wer verheiratet ist, der kennt auch dies: dass es manchmal ein großer Kampf ist, miteinander die Bibel zu lesen. Täglich zu lesen. Wer kennt sie nicht, die peinlichen Pausen, bis man sich wieder einen Ruck gibt. Und dann so zu lesen, dass die Bibel den Ton angeben darf.

Ich wurde also ins Wohnzimmer geführt und man zeigte mir die Bibel, die so wichtige und geschätzte Bibel. Es war wirklich nicht übertrieben: Sie stand im obersten Regalfach und war nur zu erreichen, wenn einer aufs Sofa stieg und auch groß genug war. Ich war entsetzt: „Warum stellen Sie denn die Bibel so hoch hinauf? Sie kommen ja fast nicht dran." – „Das ist wegen der Kinder, damit die nicht drankommen." Doch diese waren bereits im Teenageralter und hatten ohnehin anderes im Sinn. Es wäre ihnen wohl auch nicht eingefallen, bei dieser "hohen" Einstellung der Eltern zur Bibel.

So blieb die Bibel zwar "heil", aber sie brachte kein Heil. Die Bibel will gelesen sein, und vor allem: befolgt! Vieles könnte anders sein bei dieser Familie und bei uns, wenn Gott zu uns durch sein Wort reden dürfte. Er würde uns auch Kraft zur Veränderung schenken. Sie gäbe uns Anleitung, wie man sich wieder aussöhnen kann und wie man neu anfangen darf. "Zu hoch" darf die Bibel nicht gehalten werden: Sie gehört auf den Tisch!

*Herr, ich will dein Wort lesen und es befolgen, hilf mir dabei!*

## 16. Das ganz große Geschenk

Das Taschengeld musste ich mir verdienen mit Straßenfegen, Fahrrad- oder Schuheputzen, Treppenhaus wischen und anderem. Aber ich habe es nicht für Unnötiges ausgegeben, sondern ins Sparschwein gesteckt. Das wurde zwar nicht dicker, aber schwerer. Davon wollte ich die Geschenke bezahlen, die zu Geburtstag oder Weihnachten anstanden.

In unserem Ort gab es eine herzensgute Frau, die einen Geschirrladen hatte. Auf der langen Suche nach einem finanzierbaren und doch auch brauchbaren Geschenk machte sie mir den Vorschlag, mit der Zeit, so nach und nach meiner Mutter ein Kaffeeservice zu schenken: mal ein Gedeck mit Tasse, Untertasse und Kuchenteller, mal ein Milchkännchen oder die Zuckerdose. Sie wollte alles so lange zurückhalten und ich könnte peu à peu kaufen und schenken, wie's mir ums Herz und im Portemonnaie möglich war. Aber dann kam das dicke Ende:

Das ganze Service war bereits zusammengespart und geschenkt, nur die Kaffeekanne noch nicht. Sie war der große Brocken und kostete damals stolze 8 Mark. Ich schuftete und sparte, ich sammelte alles, was ich am Freitag dem Lumpensammler abgeben konnte: „Lumpen! Alteisen! Hasenpelz! Geißenhaut!" Ich brauchte viel Altmaterial und eine lange

Zeit. Heimlich schlich ich mich zu den gesprengten Bunkern vom Westwall und sägte von der aus dem Beton ragenden Eisen-Armierung Stück um Stück ab. Das war zwar verboten, aber ich brauchte Geld für das gute Stück: die Kaffeekanne. An Weihnachten war es endlich so weit: Ich konnte das sauer verdiente Weihnachtsgeschenk strahlend meiner Mutter überreichen.

Hatte ich doch wirklich begriffen, dass das an Weihnachten immer so ist: Das Beste, das Teuerste, das Schönste ist gerade gut genug für den Menschen, den man liebt. Wie auch der Vater im Himmel den Besten, den Einzigen und den Liebsten für seine Menschenkinder gegeben hat. Nichts war ihm zu viel. Da kommt Freude auf! Die Kanne gibt es nicht mehr, aber das Glück, dass ich schenken durfte, das ist geblieben.

*Herr, du bist für mich das herrlichste Geschenk, teuer und lieb.*

Römer 8,32 | Kaffeekanne zu Weihnachten | Gott schenkt Wertvolles

## 17. Chinesen lesen die Bibel richtig

Im Seminar der Liebenzeller Mission hatte man viel ausländischen Besuch. Von den aktuellen Missionsgebieten und auch von den ehemaligen Missionsfeldern.

Eines Tages war ein chinesischer Pastor zu Besuch. Mit gelber Haut, wie wir uns die Asiaten vorstellen. Er hat uns Seminaristen und allen Bewohnern des Missionsberges in Bad Liebenzell eine eindrückliche Lektion erteilt.

Mit seiner Bibel in der Hand demonstrierte er, dass wir Westler die Bibel nicht richtig lesen würden. Wir lesen von links nach rechts und die nächste Zeile von links nach rechts und die nächste Zeile auch und so weiter. Dabei drehte er den Kopf immer in der Leserichtung von links nach rechts, von links nach rechts und so weiter. Wir verstanden: Sein Kopf beschrieb augenfällig den „Vorgang des Nein-Sagens".

Dann schaute er in seine chinesische Übersetzung hinein und las uns ein paar Sätze daraus vor. Sein Kopf machte die gleiche Bewegung wie seine Augen: Von oben nach unten und in der nächsten Zeile wieder von oben nach unten und so weiter. „So muss man die Bibel lesen!" Er meinte den „Vorgang des Bejahens". Allein seine Kopfbewegung symbolisierte die Einstellung, die Chinesen zu ihrem Text haben.

Alle haben verstanden und gelacht. Mir aber blieb diese Demonstration unvergesslich: Wie lese ich meine Bibel? Von links nach rechts oder von oben nach unten? Bejahe ich, was ich lese, oder schüttele ich den Kopf und verneine oder bezweifle ich, was ich lese?

Auch wenn wir Westler von links nach rechts lesen, wollen wir doch ein ganzes Ja zu Gottes untrüglichem Wort finden. Wir sollen nicht nur die Bibel halten, sondern auch sein Wort. Schließlich hält die Bibel ja uns, wenn sie für uns das Wort Gottes ist.

*Herr, ich will dein Wort halten.*


Jeremia 23,29 | Chinesen lesen richtig | Die Bibel bejahend lesen

## 18. Keiner soll leer ausgehen

In meiner Kindheit, also nach dem Zweiten Weltkrieg, gab es noch nicht so viele und große Geschenke, jedenfalls nicht in unserem Haus. Bald nach Weihnachten wurden Puppenstube und Puppenwagen, Aufziehautos und Eisenbahnen wieder weggepackt. Unerklärlich war für uns Kinder, wohin die über Nacht verschwunden waren. Als Schuljunge habe ich es dann kapiert: Die wandern wieder auf den Dachboden und harren auf das nächste Weihnachtsfest.

Nun machte ich selber mit bei dieser spannenden Seite der Adventszeit: Heimlich, wie die Erwachsenen, holte ich die Spielsachen für meine kleinen Schwestern vom Speicher. Die Puppenstube brauchte eine neue Tapete. Der Puppenwagen musste entstaubt und gestrichen werden. Für die Oma häkelte ich in der Schule im Fach Handarbeit ein Paar Topflappen und für meine Mutter fertigte ich heimlich aus Porzellanperlen einen Topfuntersetzer an. Jeder sollte an Weihnachten etwas bekommen. Keiner sollte leer ausgehen.

Da fiel mir am Heiligen Abend sehr spät ein, dass ich meinen geliebten Opa vor lauter Eifer ganz vergessen hatte! Ich musste fürchterlich weinen, weil ich für ihn kein Geschenk hatte. Aber ausgerechnet er fragte, warum ich weine. „Ich habe nichts für dich zu Weihnachten!" Da griff er in seine Hosentasche und gab mir 1 Mark; damit konnte ich zum Automaten rennen und eine Schachtel Zigaretten herauslassen. Es blieb sogar noch Zeit zum Einpacken – und jetzt durfte es Weihnachten werden! Ich war so stolz, dass ich für jeden etwas zu schenken hatte.

Den tieferen Sinn verstand ich noch nicht: Auch Gott hat für unsere Erlösung den Preis bezahlt. Wir haben ja nichts zu bringen. Aber er hat gern und gut für uns bezahlt. Dort in der Krippe liegt das Lösegeld für uns verlorene Menschen. Wir dürfen es packen und einpacken und uns selbst darüber freuen und andere sich daran freuen lassen. Keiner soll leer ausgehen!

*Herr, was wir dir bringen können, das hast du ja selber bezahlt.*


Markus 10,45 | Eine Schachtel Zigaretten | Das Lösegeld für viele

## 19. Die Ablehnung der Welt

Jesus spricht an einer Stelle vom „Hass der Welt". Das war mir zu grob, trifft aber die Sache noch besser als „Ablehnung durch die Welt". Zu ertragen ist es allemal schwer.

Ich war 12 Jahre alt und gerade zum Glauben gekommen. Das hatte mein ganzes Leben verändert, positiv verändert, und nun wollte ich, dass auch meine Schulkameraden die gleiche Lebensveränderung erfahren sollten. Niemand hat mich dazu aufgefordert, aber mir war das klar: Jesus hat mir gut getan und mir nur Gutes gebracht, warum sollten sie es nicht auch haben? – Aber wie soll ich das machen?

Das Missionswerk Werner Heukelbach brachte regelmäßig Traktate heraus für Kinder, Jugendliche und ganz allgemein für jedermann und zu speziellen Anlässen. Kinder wollten wir in jenem Alter nicht mehr sein, aber Jugendliche. Also bestellte ich per Dauerbezug das Traktat für Jugendliche: Blitzlicht. Damit hatte ich meinen Spitznamen weg. Sonst hatte man mir nichts nachzusagen, aber das gefiel allen: „Blitzlicht"!

In mir begann ein langer Kampf. Sollte ich mich darüber freuen? Meine Kameraden stellten mich mit dem Traktat gleich. Die Traktate waren ja nicht schlecht. Oder sollte ich mich wehren? Wie kann man mich mit einem Stück Papier gleichsetzen? Damals hat es mich stark beschäftigt, war es doch den meisten mehr um Spott als um Hochachtung zu tun. Und ich musste das ganz allein ausbaden. Sollte ich das Abonnement wieder einstellen, keine Zettel mit evangelistischer Botschaft mehr verteilen? Was würde Jesus dazu sagen? – Ich blieb dabei. Heimlich, wenn sonst niemand es sehen konnte, nahm man mir die Blitzlichter ab.

Diese Geschichte hatte ich ganz vergessen, bis mich bei einem Klassentreffen ein Schulkamerad ansprach und mir gestand, dass er die Blitzlichter immer gern gelesen hat. So war ich nach vielen Jahren froh, dass es bei mir einmal gefunkt hatte. Ich blieb das „Blitzlicht".

*Herr, ich möchte gern für dich wirken. Zeig mir bitte, wie.*

Johannes 15,18 | Blitzlicht – nur ein Traktat | Trotzdem bei Jesus bleiben

## 20. Licht im Dunkeln

Was kann es für Jungen Schöneres geben als ein spannendes Zeltlager?! Also machten wir uns mindestens einmal im Jahr auf und suchten uns einen Zeltplatz. Der Schwarzwald bot sich an: Da gibt es Wald und Seen, Steinbrüche zum Klettern und Wiesen zum Bolzen, Heidelbeeren zum Sammeln und Essen – und Tannenzapfen für turbulente Schlachten. Und eine Nachtwanderung gehört natürlich auch dazu.

Von Enzklösterle aus sind wir aufgebrochen. Das Hochmoor am Hohlohsee war unser Ziel. Und das Besondere war die Devise „Keine Taschenlampen". Wir sollten die Natur in der Nacht nur mit unseren Augen und Ohren erleben. Aber dann wurde es Nacht, stockdunkle Nacht. Kein Stern am Himmel. Kein Mond weit und breit. Kein Licht und kein Schimmer. Nur der dunkle Himmel über dem Wanderweg. Bei solchen Gelegenheiten werden auch die rauesten Burschen ruhiger und die Ängstlichen suchen Halt an einem Leiter oder einem starken Freund.

An einer Wegkreuzung war auch ich unsicher geworden, in welche Richtung wir gehen sollten. „Wenn wir doch wenigstens eine Lampe dabei hätten!" Ratlos standen wir da. Mit der bewährten „Räuberleiter" versuchten wir, die Beschriftung am

Wegkreuz zu entziffern. Aber es war stockfinster. Plötzlich ein Gemurmel. Ein Mutiger gab das Geheimnis preis: „Der Dennis hat doch eine kleine Taschenlampe dabei!" Der fürchtete jetzt natürlich die angedrohte Strafe. Aber ich gab mich mild und nachsichtig, denn schließlich brauchten wir jetzt nichts nötiger als ein bisschen Licht. Gerettet! Alle atmeten auf.

Wenn sie alle schon so gespannt und aufmerksam waren, wollte ich doch gleich eine geistliche Lektion daraus machen: Wie gut ist es doch, wenn man ein Licht bei sich hat! Man braucht es nicht immer, aber wenn man es braucht, ist es eine große Hilfe. Im Leben wird es manchmal ungeahnt finster. Ein bisschen Licht eröffnet dann einen Weg und beruhigt das Gemüt. Je dunkler die Nacht, desto heller das Licht.

*Herr, sei du mein Licht, damit ich sicher gehen kann.*

Psalm 119,105 | Wanderung im Hochmoor | Ohne Licht – ohne Weg

## 21. Nomen est omen

Im Laufe meines Lebens hatte ich drei „Nicknamen", Spitznamen:

1) „Blitzlicht" – so hieß das Jugendtraktat vom Missionswerk Werner Heukelbach. Das habe ich nach meiner Bekehrung mit 12 Jahren in der Schule verteilt. Also war ich das „Blitzlicht".

2) „Sir" – das kam daher, dass ich mit 14 Jahren begonnen hatte, die Jugend in unserem Dorf zu sammeln. Sie hingen an mir und folgten mir. So wurde ich einfach ihr „Sir".

3) „Missionar" – das war hoch amtlich, aber streng geheim: In meiner DDR-Stasi-Akte wurde ich als „Missionar" geführt, wie ich später erfahren sollte. Pfarrer wurde ich dann tatsächlich, wenn auch kein Missionar.

Wir haben in unserem Schöpfer und Herrn ein wunderbares Vorbild: So spricht der Herr, der dich geschaffen hat und dich gemacht hat: Fürchte dich nicht, denn ich habe dich erlöst; ich habe dich bei deinem Namen gerufen; du bist mein! Jes. 43,1.

Es ist etwas Großartiges zu wissen, dass Gott meinen Namen kennt. Das ist das Persönlichste, was ich habe! Gott sagt nicht nur: „Du da!" Oder: „He, komm mal her!" Oder: „Einer sollte jetzt …!" Gott kennt unsere Namen und benützt sie auch.

Erinnern Sie sich, wie spitz die Ohren werden, wenn wir unseren Namen hören? Wie wir reagieren, wenn jemand den gleichen Namen trägt? Wie wir unseren Namen einzigartig und besonders finden?

Alles, was uns wichtig ist, bezeichnen wir mit einem Namen. Wie erfinderisch können wir sein, wenn wir etwas ganz besonders mögen und lieben. Ein wohlklingender Name ist ein wertvolles Geschenk.

Solange wir leben, ruft uns Gott mit unserem eigenen Namen. Diesen Eigennamen vergisst er auch in der schwächsten Stunde nicht. Auch nicht in der letzten Stunde unseres Lebens.

*Herr, danke, dass mein Name in deinem Buch steht.*

Jesaja 43,1 | Gott ruft mich mit meinem Namen | Du bist gemeint

## 22. Jesus zum Geburtstag einladen

Eine Enkelin macht sich Gedanken, wie sie ihren 4. Geburtstag feiern möchte: Sie will im Kinderzimmer warten, bis die Familie versammelt ist. Dann soll man ihr Lieblingslied singen: „Wie schön, dass du geboren bist, wir hätten dich sonst sehr vermisst. Wie schön, dass wir beisammen sind, wir gratulieren dir, Geburtstagskind!" Dabei kommt sie die Treppe herunter, geht zu ihrem Platz am Tisch und bläst die vier Kerzen aus. Aber ihre Vorfreude ist etwas getrübt: „Ich habe Gott zum Geburtstag einladen wollen, aber der kommt ja nicht."

Bald darauf starb ihr Opa. Sie machte sich weitere Gedanken: „Jetzt feiert er alle Feste mit Gott im Himmel. Das freut mich für ihn und Gott. Aber leider ist er nicht mehr hier. Das macht mich traurig!"

Dann kam ihr der Gedanke: „Wenn der Opa jetzt im Himmel ist, dann ist es ja für Gott so, wie wenn er im Himmel geboren worden wäre. Er war vorher nicht da und jetzt ist er da. Wie ein Kind, das aus dem Bauch schlüpft. Da muss Gott froh sein." Ja, so muss das für Gott sein.

Die achtjährige Schwester beschäftigte etwas anderes: „Wenn der Opa sich verbrennen lässt, was für einen Körper hat er dann bei Gott? – Kriegt er den Körper mit Krebs wieder? Oder den, den er als Kind hatte? – Ich will meinen Körper so, wie er jetzt ist."

Und die sechsjährige Schwester nahm sich vor: „Ich bastle für den Opa einen Bilderrahmen in seiner Werkstatt. Dann kann er aus dem Himmel 'runterkommen und sich das anschauen. – Muss er dann wieder zurück in den Himmel, wenn er Hunger hat? Oder nimmt er ein Vesper mit?"

So ist es, wenn Kinder über das Leben nachdenken und über ein Leben danach. Richtig ist in jedem Fall, dass im Himmel Feiern angesagt ist: Ein herrliches Fest für alle, die gekommen sind! Da fehlt es an nichts. Alle sind eingeladen. Auch du! Man hätte dich sonst sehr vermisst.

*Herr, du bist auferstanden und lebst.*

Offenbarung 3,20 | Wie Kinder trauern | Jesus wartet auf uns

## 23. Die Tanzschuhe

Die vierjährige Enkelin war mit ihrer Mutter zum ersten Mal auf einer Beerdigung. Alles war neu und interessant: Da stand der geschlossene Sarg, darauf ein Bild der Verstorbenen aus alten Zeiten. Alle waren in Schwarz gehüllt und sprachen nur ganz leise.

Die Kleine am Ohr ihrer Mutter wollte wissen, welche Schuhe die Frau im Sarg anhat. Eine etwas komische Frage. „Warum?" – „Hat die Tanzschuhe an?", ging das kindliche Interesse weiter. – „Wieso das denn?", fragte die Mutter verwundert zurück. – „Weißt du, wir haben in der Kinderkirche gelernt, dass wir alle, wenn wir in den Himmel kommen, von Jesus zu einem ganz großen Fest eingeladen werden. Wenn ich dort bin, will ich mit Jesus tanzen. Darum will ich Tanzschuhe anziehen, wenn ich einmal sterbe."

Wir schmunzeln vielleicht über so viel kindliche Einfalt. Aber etwas Wichtiges hat die Kleine doch verstanden, vielleicht mehr als die Erwachsenen. Wir singen das Lied: „Unser Leben sei ein Fest!" Jesus hat gesagt, dass er wiederkommen und uns zu sich holen will, damit wir ewig da sind, wo er ist. Damit wir mit Jesus das herrliche Fest feiern können. Immer und immer.

Zu einem Fest gehört Freude und Tanzen, jedenfalls im Denken der Kleinen. Und darum will sie schon mal Tanzschuhe anhaben, wenn sie sich auf den Weg macht. So kann fester Glaube aussehen. Das ist Gewissheit auf ewiges Leben! Das ist die Vorfreude auf das, was noch kommt, festgemacht an den flotten Tanzschuhen einer Vierjährigen.

Einstweilen bleibt die wahre Braut im Himmel verborgen; letztlich aber triumphieren das Heil und die Herrlichkeit und die Macht Gottes! Frohes Fest!

*Herr, ich danke dir, dass ich dabei sein darf.*

Matthäus 22,1–10 | Mit Jesus tanzen | Die Hochzeit des Lammes

## 24. Braucht ihr das alles noch?

Aus unserem „Jugendbund für entschiedenes Christentum" (EC) lernten einige im Diakonissen-Krankenhaus Karlsruhe-Rüppurr die Krankenpflege. Wann immer sie konnten, besuchten sie am Dienstagabend den heimatlichen Jugendkreis. Wir Männer spielten dann die Kavaliere und begleiteten unsere Mädchen meistens mit dem Fahrrad zurück. Unser Weg führte durch das Märchenviertel, das als eines der exklusivsten Villen-Viertel in Karlsruhe gilt. Die Straßen hatten Namen von Märchenfiguren, zum Beispiel Zwergenweg und Rotkäppchenweg, Hänselweg und Gretelweg oder Namen von solchen, die sie geschrieben haben, wie Andersen, Hauff oder Grimm. Aber nicht nur die Namen waren „märchenhaft", auch die Villen. „Oh, siehst du den Swimming-Pool? – Und dort den Karmann Ghia? – Schau dir mal den Englischen Rasen an." Und so fort. Wir gerieten ganz aus dem Häuschen und ergötzten uns an den Dingen der Reichen.

Ein Mädchen aber ließ sich kaum begeistern. Sie konnte knapp und deutlich sagen: „Brauchet ihr das alles noch?" – Natürlich nicht, und wir schämten uns auch sofort. Aber in mir wurmte es. „Man wird doch wenigstens noch gucken dürfen!" Hätte das eine andere gesagt, wäre ich ihr glatt über den Mund gefahren. Nur, diese Eine, die lebte so, die dachte so, die war frei von den Dingen. Darum durfte sie es auch sagen und wir nahmen es ihr ab.

Solch eine Lektion verlernt man nie mehr: Es gibt so viele schöne Dinge in der Welt, an denen man sich freuen darf. Es gibt so viele teure Stücke, die man sich nie wird leisten können. Erstaunlich viele Sachen haben sie, die Reichen. Aber ich brauche nicht alles. Vor allem darf ich es den anderen gönnen, ohne neidisch oder missgünstig zu werden. Wer davon nicht ganz frei ist, der soll es lernen.

Es gibt Wichtigeres. Christen wissen das und machen sich frei von der Gier und dem Neid. Reiche und Arme dürfen das Teilen lernen und dürfen doch auch genießen, was ihnen ehrlich zugefallen ist.

*Herr, mache mich frei, viel zu geben und alles dankbar zu gebrauchen.*

Matthäus 6,21 | „Habt ihr das nötig?" | Los von allen Dingen

## 25. Gott gibt am liebsten große Gaben


Es war Mitarbeiterschulung für die evangelische Jugendarbeit. Über das Wochenende haben wir viel miteinander und voneinander gelernt. Es war die hohe Zeit der Planspiele – so hat man uns am ersten Abend auf den Boden des Saals verfrachtet und mit einer Menge Holzklötze, Rollen, Brettchen und Stäbchen bedacht. In kleinen Gruppen sollten wir etwas planen und bauen.

Wir, das waren meist Jungscharleiter und Jungenschaftsleiter aus dem Nordschwarzwald. Sie waren unternehmungslustig und bauten ein Dorf. Wahrscheinlich hatten sie ihr eigenes als Plan vor sich: die Kirche und eng drum herum die Häuser und Scheunen, schmal die Gässchen und kaum Platz für einen Wagen oder gar für ein Fußballfeld. So eng, wie es in den Tälern des Schwarzwaldes zuging, oder so knapp, wie man auf den Bergrücken eben nur bauen konnte.

Mich packte der Eifer. Ich zerstörte die Idylle und zog die Häuser und Anlagen auseinander, denn ich war diese Enge nicht gewohnt. Bei uns im Rheintal war Platz, da konnte man die Straßen schön und breit anlegen. Nicht verwinkelt, sondern gerade, mit Fahrradstreifen und Fußwegen. Und dazwischen hatte es immer noch Platz für Bäume oder eine ganze Allee.

„Gott stellt unsere Füße auf weiten Raum." Da ist Luft zum Atmen. Da ist Platz zu ruhen und Auslauf für Kinder und Vieh. Leider lassen wir uns von den kleinkarierten Verhältnissen unseres Lebens verleiten – und stellen uns das bei Gott auch so vor. Aber bei ihm ist nicht Zeit, sondern Ewigkeit. Bei ihm ist nicht Raum-Enge, sondern unendliche Weite. Bei ihm wird nicht kümmerlich gezählt und bemessen, sondern er schenkt aus dem Vollen seines Reichtums. „Gott, weil er groß ist, gibt am liebsten große Gaben. Ach, dass wir Arme nur so kleine Herzen haben!" (Angelus Silesius) Sein Sohn ist die größte Gabe und passt doch in das kleinste Herz.

*Herr, dir zeige ich meine leeren Hände und mein leeres Herz.*

Psalm 31,9 | Planspiel der Mitarbeiter | Gott plant großzügig

## 26. Größer als der Helfer ist die Not ja nicht!

Eines Tages hatte ich ganz plötzlich einen Bügel meiner Brille in der Hand. Das winzige Schräubchen hatte sich unbemerkt gelöst und war herausgefallen. Meine Frau und ich suchten intensiv den Fußboden ab – nichts. Ich musste also zum Optiker gehen und ein Schräubchen kaufen.

Aber zuerst noch ein kurzes Mittagschläfchen ... Beim Aufwachen war mein erster Gedanke: „Weißt du nicht mehr, als du in Omsk am Irtysch im Sand, Schotter und Dreck auch dein Brillenschräubchen verloren hattest: Was hast du damals gemacht? – Gebetet! – Und was hat Gott gemacht? – Erhört! – Und was hast du gemacht? – Gedankt! – Und jetzt?"

Also bete ich: „Herr, ich durfte damals mitten im Dreck am Fluss das Schräubchen wiederfinden. Nun kannst du mir doch auch hier in der blank geputzten Wohnung die Augen öffnen." Nach dem Gebet machte ich meine Augen auf und sah, schemenhaft, auf dem Nachttisch ein Staubkorn oder ein Brösel liegen. Ich nahm es mit der Fingerspitze auf, und siehe da: Es war mein Schräubchen! „Danke, Herr, du kümmerst dich um so kleine Dinge und machst mir damit eine so große Freude."

Ein halbes Jahr später ging es mir genauso: Ich sollte beim Frisör wieder meine Brille aufsetzen, um zu sehen, ob die Haare recht geschnitten waren – und wieder einmal hatte ich den Brillenbügel in der Hand! Wir suchten und fegten, doch in den Haarbergen auf dem Boden war nichts zu sehen. Aber gleich an der Ecke war ein Optiker, da ging ich unverzüglich hin und bekam dort kostenlos das Schräubchen ersetzt und eingesetzt.

Drei Mal hat Gott mich in der gleichen Schräubchen-Sache erhört: einmal ganz verzweifelt am Flussufer, einmal völlig erstaunt im Schlafzimmer und einmal beim Frisör, ohne zu beten. Mein Schräubchen-Thema sagt: Es ist ein köstlich Ding, auf die Hilfe des Herrn hoffen.

*Herr, du erhörst kleine Gebete ganz groß. Danke.*

Klagelieder 3,26 | Schräubchen gefunden | Man kann für alles beten

## 27. Hören oder fühlen

Eltern und Erzieher müssen mit ihren Kindern und Zöglingen viel Geduld aufbringen. Wie oft muss man sich wiederholen, bis endlich das Zimmer aufgeräumt wird. Wie viele Erklärungen und Ermahnungen müssen immer und immer wiederholt werden, bis sie (hoffentlich) endlich fruchten. Manchmal muss man sich den Mund fransig reden und es bewirkt doch nichts. Wer zu dieser unendlichen Geschichte nicht bereit ist, sollte nicht Eltern oder Pädagoge werden.

„Man kann seine Kinder erziehen, wie man will, sie machen einem doch alles nach!" Ein gutes Vorbild ist unerlässlich, das ist wahr. Aber es gibt keine Erziehung ohne Worte. Bei den Tieren vielleicht – wobei wir nicht wissen, was sie sich alles zubellen oder nachpfeifen, übereinander wiehern oder gegeneinander jaulen. Aber uns Menschen hat Gott die Sprache gegeben. Damit können wir alles fein säuberlich sagen und erklären. Worte können verstanden, aber auch ignoriert werden.

Meine Mutter hatte viel Geduld mit mir. Sie hat mir auch alle Fragen beantwortet, die meisten jedenfalls. Kinder können ja mehr fragen, als Eltern antworten können, und sie haben immer noch ein: „Warum?"

Der Ton macht die Musik. Die Höhenlage deutet an, wie wichtig das Gesagte ist. Die Sprachgeschwindigkeit und die Schärfe setzt noch eins drauf. – Wenn nichts mehr half, dann kam das drohende und endgültige Finale: „Das ist nun mein letztes Wort!" Ende der Fahnenstange. Stopp, sonst kracht's. „Wer nicht hören will, muss fühlen."

Gott hat viel mit seinen Menschenkindern gesprochen, bevor sein letztes Wort kam. Dieses Wort hat Menschengestalt angenommen und wurde zum Maßstab allen Lebens. Jesus sagt: „Wer mein Wort hört und glaubt dem, der mich gesandt hat, der hat das ewige Leben und kommt nicht in das Gericht, sondern er ist vom Tode zum Leben hindurchgedrungen." Johannes 5,24.

*Herr, ich will auf dein Wort hören, damit ich ewiges Leben habe.*

Hebräer 1,2 | „Das ist mein letztes Wort!" | Gott hat das letzte Wort

## 28. Und führet mich auf rechter Straße


Vor Fahrtbeginn bete ich. Meistens. Diese Verbindung nach oben brauche ich. Technik betet nicht, der Mensch tut es. Sie doch auch?

Einmal hatte ich ein Navi mit einer Frauenstimme; nun rivalisierten zwei Frauenstimmen miteinander, die aus dem Navi und die auf dem Beifahrersitz. Aber das Navi kann man umstellen.

Das Navi sagt nicht alles an. Beim Start muss man (möglichst in aller Ruhe) einiges einstellen. So lese ich: „Bitte geben Sie das Ziel ein!" Klar, den augenblicklichen Standort holt es sich selber, vom Satelliten. Aber es will wissen, wohin ich will. Das darf ich also selber bestimmen. Und das ist auch gut so. – Das Ziel meiner Fahrt muss ich also wissen, sonst kann mir das Navi nichts sagen. Das gilt auch für unsere Lebensfahrt: Wenn ich nicht weiß, wohin ich will, darf ich mich nicht wundern, wenn ich irgendwo ankomme, wo ich gerade nicht hin wollte.

Nun erwartet das Navi, dass ich „Los!" drücke. Wenn man nicht startet, kann man nicht ankommen. Man kann nicht an einem Platz stehen bleiben und gleichzeitig am Ziel ankommen wollen. Die Bibel sagt so: „Wir haben hier keine bleibende Stadt!"

Unterwegs erinnert mich mein Navi oft: „Bitte beachten Sie die Geschwindigkeitsbegrenzung."

Dann muss ich den Fuß vom Gas nehmen – oder ich muss den Geldbeutel zücken, wenn mich der Blitzer erwischt. Der „Starenkasten", der so grell zur Besinnung zwingt.

Am liebsten höre ich das Navi sagen: „Sie haben Ihr Ziel erreicht." Das ist doch schön. Dafür kann man nur danken. Ein Dankgebet gehört sich dann auch, wenn man heil angekommen ist. Ich wünsche Ihnen eine gute Navigation unter Gottes Fügung und Führung.

*Herr, du bist der Weg und das Ziel.*

Hebräer 13,14 | Navigationsgerät | Bei Gott ankommen

## 29. Die Weinprobe

Im Kurhaus hatte man abends eine Weinprobe angeboten. Warum denn auch nicht? Schließlich saßen 14 Personen um den Tisch. Noch war von Wein nichts zu sehen. Jeder hatte auf seinem Platz nur ein Blatt Papier und einen Bleistift liegen.

Der Kursleiter begann damit, dass er kleine Röhrchen herumreichte, an denen wir schnuppern und riechen sollten. Was uns die Nase verriet, sollten wir auf das Blatt schreiben: 1. Veilchen, 2. Flieder, 3. Amaretto, 4. Anan...? 5. Fehlanzeige, 6. Keine Ahnung. Erst Nr. 19 war wieder eindeutig: Essig. Aber dann war wirklich Schluss.

Konnte das sein, dass mich mein Geruchsinn völlig betrogen oder gar verlassen hatte? Ich hatte doch noch alle Sinne beieinander. Der einzige Trost war, dass es den anderen auch nicht viel besser ging. – Dann kam die zweite Runde. Die gleichen Röhrchen in derselben Reihenfolge, aber nun mit Ansage: 1. Veilchen, 2. Flieder, 3. Amaretto, 4. Ananas, 5. Käse, 6. Kaffee, 7. Hyazinthen, 8. usw. usf., 19. Essig (richtig!) und zum Schluss: 20. Erdbeere. Ja, mit Ansage war das kein Problem. Man hat tatsächlich gerochen, was angesagt wurde.

Manche Dinge kann man ausprobieren. Aber es gibt Dinge, die kann man nicht testen: Geburt zum Beispiel. Niemand kommt zur Probe auf die Welt.

Auch das Sterben muss aufs erste Mal klappen, keiner kann auf einen Versuch hin sterben. Da haben wir sozusagen Gott als unseren persönlichen Ansager.

Ein weltbekannter und gefeierter Künstler lag im Sterben, kam aber nicht weiter: „Ich habe keinen Souffleur." Immer hatte ihm jemand bei seinen Auftritten eingesagt, seinen Text souffliert, aber nun stand er ganz allein vor dem letzten Tor und suchte den Einlass.

*Herr, lass mich erkennen, was zu meinem Heil dient.*

2. Timotheus 1,12 | Wie Sinne trügen können | Ohne Ansage geht es nicht

## 30. Was den Augen verborgen bleibt

Sie wissen sicher, was eine Automatik-Armbanduhr ist. So eine hatte ich, ich war auch sehr stolz darauf. Mein „Chronometer" war ganz verlässlich – bis er stehenblieb. Wie kam das?

Es hat sehr lange gedauert, bis ich die Zusammenhänge herausfand: Immer, wenn ich in einem bestimmten Haus übernachtete, blieb meine Automatikuhr am Morgen stehen. Immer zu genau derselben Zeit. Das war mir schleierhaft. Das durfte doch nicht sein.

Dann erinnerte ich mich, dass ich einmal, als ich in diesem Haus zu Besuch war, der Hausvater gerade dabei war, von den frischen Eiern seiner Hühner einige als Bruteier auszusortieren. Er hatte bestimmte Vorstellungen, wie viele Legehühner es werden sollten und wie viele Hähnchen er erwartete. Dazu hatte er sich ein Pendel gemacht, mit dem er über jedem Ei seinen magischen Zauber, seine Wahrsagerei betrieben hat.

Hier die Hühnchen, da die Hähnchen: Das hat mich sehr interessiert. Ich wusste aber nicht, dass solche okkulten Handlungen nicht nur Auskunft geben über die künftigen Stallbewohner, sondern auch denjenigen in Beschlag nehmen, der sich auf diese magischen Praktiken einlässt.

Obwohl ich nur Zuschauer war, ein neugieriger allerdings, hat mich diese Sache verfolgt. Ich ahnte die Bindung an diesen Mann und seine Machenschaften, obwohl ich ein Kind Gottes war.

Als dieser Mann starb, fand man ihn tot im Bett und niemand wusste, wann genau er gestorben war. Ich wusste es: Meine Automatikuhr war „hängengeblieben", genau zu seiner Todesstunde, und alles Schütteln half nichts. – Ich wollte nicht gebunden sein. Befreiung fand ich durch gute Seelsorge und das Lossagen von finsteren Mächten. Seitdem bin ich frei. Meine Uhr blieb nie mehr stehen. Gott sei Dank!

*Herr, du hast mich mit deinem Blut erkauft.*

Johannes 8,32 | Die Automatik-Armbanduhr | Jesus macht ganz frei

## 31. Konfirmation heißt „Befestigung"

Mit 12 Jahren habe ich eine Entscheidung für Jesus Christus getroffen. Mein Elternhaus und meine Erziehung hatten nichts dazu beigetragen. In der Schule gab es zwar Religionsunterricht, aber bei mir blieb so wenig hängen, gerade wie in den anderen Fächern auch. Dann kam mit 13 Jahren der Konfirmandenunterricht dazu. Aber der war doch dazu da, um den etwas älteren Pfarrer zu ärgern ... Die Unterrichtsbücher hat man mit einem Gürtel zusammengepackt – was dann auf dem Heimweg eine wichtige „Waffe" war.

Man bedenke, dass ich zur Zeit des Konfirmandenunterrichts bereits Christ war. Aber immer wieder hat mich „die Welt gepackt", aus der ich kam und in der ich zu Hause war. Wer möchte als heranwachsender Junge schon abseitsstehen? Ich nicht. Also passte ich mich an. Aber genau das hat mir immer zu schaffen gemacht.

Dann kam die Konfirmation, ein ganz besonderer Tag. Ich hatte eine sportliche Patentante, und die nahm mich an meinem „heiligen Tag" auf ihrem Motorrad zu einem Fußballspiel mit. Fußball hatte mich nie interessiert, aber was wollte ich machen. Vor allem drückte mich, dass ich meinen Konfirmanden-Spruch bis abends auswendig lernen sollte, denn da ging man noch einmal in die Kirche und jeder musste seinen Spruch aufsagen – und ich hatte keine Gelegenheit zum Lernen, denn ich verbrachte den Nachmittag auf dem Sportplatz.

In kleinen Gruppen knieten alle Konfirmanden der Reihe nach am Altar. Ich sah mich um. Welt! Nichts als Welt! Da habe ich innerlich ganz fest gebetet: „Herr Jesus, und wenn diese alle nicht glauben, ich glaube an dich!" Das waren meine Konfirmation und mein letzter Besuch auf dem Sportplatz. Mir reichte es. Besser gesagt: Mir reichte Jesus! Der mich erlöst und teuer erkauft hatte, dem wollte ich die Treue schwören. Und dabei blieb ich bis auf diesen Tag.

*Herr, ich werde dich nicht verlassen.*

Jeremia 31,3 | Mein letztes Fußballspiel | Bei Jesus bleiben

## 32. Der Sohn Gottes macht wirklich frei

Nicht nur auf dem Dorf, dort aber besonders, ist der Aberglaube in vielen Varianten verbreitet. Natürlich muss ein Pfarrer auch über dieses Thema predigen, was aber gar nicht so leicht ist. Es gibt zwei entschiedene Gegner. Das sind zum einen die so genannten „aufgeklärten Menschen": Sie glauben nicht an die Transzendenz, sondern angeblich nur an das, was sie sehen. Zum andern sind es die „wissenden Menschen": Sie haben Erfahrung gemacht mit der Transzendenz, leider oft ganz negativ und beschwerlich. „Glauben, dem die Tür versagt, kommt als Aberglaub' durchs Fenster. Wenn die Gottheit ihr verjagt, kommen die Gespenster" (F. Emanuel A. Geibel, 1815–1844).

Dass dies eine Realität ist, musste ich in einer Seelsorge erkennen: Ich hatte in der Predigt sehr deutlich über Aberglauben und Okkultismus gesprochen. Am Montag kam eine Frau zu mir und brachte einen „Brandbrief". Das ist ein Schriftstück, in welchem man beim Teufel oder seinen Dämonen Schutz sucht, damit das Haus nicht abbrennen soll. Man steckt das Stück Papier unter den Dachfirst und wartet auf die Wirkung. Das ist weiter verbreitet, als man gemeinhin glaubt.

Mein Gemeindeglied wollte seine Last loswerden und übergab mir den Brandbrief. Ich machte die

Frau darauf aufmerksam, dass ich diesen Brief sofort verbrennen würde. – Einverstanden! – Ich erklärte ihr, dass dann der Brief seine Wirkung verloren habe. – Trotzdem einverstanden! – Aus Liebe und Vorsicht bemühte ich mich noch ein drittes Mal und warnte sie, denn der Teufel ist mächtig und listig; aber Gott ist allmächtig. Die Frau gab mir schließlich ihre Entscheidung kund: „Verbrennen Sie den Zettel ruhig, ich hab's noch mal abgeschrieben."

Wie sinnig, oder muss ich sagen: unsinnig? Wer sich vom Aberglauben losreißen will, weil der einen sonst ins Verderben zieht, der muss es radikal tun. Ich weiß nicht, ob jene Frau ihre beiden Schriftstücke gehütet und behalten hat. Aber eines weiß ich ganz gewiss: Ruhe konnte sie so nicht finden. – Schade eigentlich.

*Bewahre mich, Gott, vor der Tücke der Unentschiedenheit.*

Johannes 8,36 | „Ich hab's mir abgeschrieben!" | Sich völlig lossagen

## 33. Rechtes Hören schafft rechtes Reden

Bei uns im Theologischen Seminar war es üblich, dass wir Schüler hin und wieder vor allen anderen eine Andacht zu halten hatten. Nicht alle diese Übungen wurden von Lehrern oder Mentoren begleitet, wohl aber von den kritischen Mitschülern und Kommilitonen.

Ich war zur Tischandacht eingeteilt und hatte mich redlich um die Erarbeitung der Tageslosung bemüht. Ich weiß den Text nicht mehr, es ist zu lange her; in Erinnerung geblieben ist mir die Reaktion der anderen Seminaristen. Eigentlich haben sie sich nicht kameradschaftlich verhalten. Gemeinsam fielen sie über mich her: „Das stammt nicht von dir!" – „Wo hast du das abgeschrieben?" – „Was war deine Quelle?"

Ich wollte sie beschwichtigen, aber niemand glaubte mir. Es schien für sie nicht möglich, dass Gott mir durch seinen Heiligen Geist einen oder auch zwei gute Gedanken zu einem Wort der Bibel gegeben hatte. Doch warum sollte er das nicht tun?

Ich habe auch andere Zeiten erlebt, wo ich gesucht und auch mein Hirn zermartert habe, nur um etwas Passables zustande zu bringen. Aber damals war es geschehen: Gott hatte mir ein Wort gegeben, das authentisch war und wie ein Stich in den Herzen der Zuhörer saß.

Ich vergesse nicht, wie oft ich gerungen und gekämpft habe, gefleht und geseufzt, dass Gott mir doch helfen möge, sein Wort mit Vollmacht zu sagen. Ja, es ist in vielen Fällen meines Dienstes so gewesen. Es hat sogar mit dem Alter und der Diensterfahrung noch zugenommen. Und meistens steige ich von der Kanzel mit nur dem einen Gedanken herab: „Herr, alles hast du gemacht, alles zu deiner Ehre!"

Ein häufiger Gedanke von mir heißt: „Bilde dir ja nichts ein!" Ich muss mir das immer sagen und damit gleich mein Herz und meinen Kopf freimachen für einen weiteren Dienst.

*Herr, rede du zu mir und durch mich.*

## 34. Humor ist eine Gottesgabe

Für manche war ich nur der Witzbold. Ich war es auch gern, denn das Leben ist schwer genug. Wenn es schon mal was zum Lachen gab, dann musste man es nicht auch noch unterdrücken. Natürlich braucht es auch ein bisschen Grips, um einen Witz zu verstehen oder gar zu erzählen. Noch schöner als erzählte Witze finde ich die Schlagfertigkeit, aus einer momentanen Situation eine fröhliche zu machen. So gibt es Leute, die können Stimmung machen, wie es auch die anderen gibt, die jede noch so gute Stimmung miesmachen und jeden Spaß verderben können.

Ich will nicht diejenigen in den Himmel heben, die gute Laune machen und verbreiten können. Ich habe aber etwas gegen solche, die meinen, es sei erwachsen oder gar christlich, wenn man nicht lacht. Ich weiß, dass in Epheser 5,4 steht: Schandbare und närrische und lose Reden stehen euch nicht an, sondern vielmehr Danksagung. Aber liegt das nicht oft ziemlich nahe beieinander: Freude und Dankbarkeit?

In meiner theologischen Ausbildungsstätte ging es ernst zu. Schließlich sollten wir die Wichtigkeit der Bibel und des Glaubens lernen. Natürlich wollte ich das ernst nehmen, aber durfte ich deshalb nicht doch fröhlich sein? Man möge es mir nachsehen, wenn ich zu weit gegangen bin. In dieser Gefahr stand ich oft, aber meinen Humor wollte ich mir nicht nehmen lassen, so wenig wie meinen Glauben. Also trug ich so viel wie möglich zu fröhlichen Festen bei.

Einmal haben wir eine Geburtstagsfeier vorbereitet. Ich wollte die Andacht übernehmen, aber meine Mitschüler meinten: „Das ist nichts für dich, du kannst ja nur Witze machen." Da wurde es ernst für mich. Wer nicht richtig fröhlich sein kann, der kann auch nicht richtig ernst sein. Also überließ ich die Andacht samt dem bunten Programm den anderen. Meine Lehre daraus war: Ich möchte ernst genommen werden, weil ich fröhlich bin. Es ist mir beides wichtig: dass ich ernst sein kann und fröhlich, alles zu seiner Zeit.

*Herr, dass mir niemand den Glauben und auch nicht den Humor nimmt.*

Epheser 5,4 | „Du kannst nur Witze machen!" | Ernst genommen werden

## 35. Ein halber Christ ist ein ganzer Unsinn

Konfirmandenunterricht, jeden Mittwochnachmittag. Jemand hatte sich ins Gemeindehaus verirrt und ich musste ihm schnell den Weg zeigen; die Vierzehnjährigen sollten sich so lange allein beschäftigen. An der Tafel hatte ich gerade angeschrieben: „Ein halber Christ ist ein ganzer Unsinn!" Beispiele, Texte aus der Bibel und Lieder, die zum Glauben einladen sollten, das war an diesem Tag dran. Nicht alle wollten davon etwas wissen: Als ich wieder zurückkam, war die Tafel leer. Also hatte sich einer geärgert, oder waren es mehrere? Ich schrieb meinen Slogan wieder an die Tafel und setzte den Unterricht fort.

Es war meine Gewohnheit, nach der Konfirmandenstunde möglichst jeden persönlich zu verabschieden. Als alle gegangen waren, konnte auch ich meine Sachen zusammenpacken. Und wieder war die Tafel leer. Weg war der Slogan. Wer war das? Und warum hatte sich dieser junge Mensch so geärgert, oder waren es mehrere? Sonst war keiner freiwillig bereit, die Tafel zu wischen, aber heute.

Ich habe viel Verständnis. Konfirmanden treiben Scherze, gern auch mit ihrem Pfarrer. War dies nun ein Scherz oder lag es etwas tiefer? Am besten geht man mit Humor darüber hinweg. Trotzdem fragte ich mich, ob es denn eine Zumutung ist, wenn ein

Jugendlicher, demnächst ein zu konfirmierender Christ, über sein Verhältnis zum Glauben angefragt wird. Wie viele haben den Konfirmandenunterricht „gut überstanden", und danach sah man sie in der Kirche nicht mehr oder selten genug? Von einem Pfarrer habe ich gelesen, dass er bei seiner Pensionierung einen Zettel über seinem Schreibtisch anbrachte: „Ich muss nicht mehr konfirmieren!" War das eine Erleichterung.

Viele Kirchenglieder erinnern sich besonders deutlich an den Pfarrer, der sie konfirmiert hat. Es gab so etwas wie ein gegenseitiges Leiden. Wer wird einmal mehr Verantwortung tragen, der Konfirmand oder der Pfarrer? Halber Christ? Ganzer Unsinn?

*Herr, ich will dir nachfolgen, wohin du auch gehst.*

Josua 24,15 | Ärger im Konfirmandenunterricht | Christsein ist nicht teilbar

## 36. „Heute wird es dir schlecht gehen!"

Warum? – Ich hatte morgens die Bibel nicht gelesen und fühlte mich nun den ganzen Tag schuldig. „Ich bin kein rechter Christ. Ich bin nur ein Augendiener." So und ähnlich klagte ich mich immer selbst an, wenn ich einmal oder öfter nacheinander die Morgenandacht hatte sausen lassen. Manchmal war ich zu spät aufgewacht, manchmal war ich zu müde, manchmal war ich zu faul, manchmal hatte ich wirklich kein Interesse. Gerade das machte mir noch am meisten zu schaffen.

Im EC-Jugendbund war ein junger Mann, der zwar nach mir zum Glauben gekommen war, aber an dieser Stelle schon gereifter war als ich. Mit ihm konnte ich so 'was besprechen. Mit schuldbewusster Miene und saurem Gesicht „beichtete" ich ihm alles (auch Gott natürlich).

Und er gab mir gleich einen guten Rat (von Gott natürlich): „Meinst du, dass Gott nichts anderes zu tun hat, als dir nachzulaufen und dich zu strafen, nur weil du morgens nicht regelmäßig die Bibel liest?" Das leuchtete mir natürlich ein, denn es schien mir ein weises Wort. Ich war begeistert und voll Schwung machte ich morgens wieder lückenlos meine Stille Zeit, weil Gott so großzügig und wunderbar ist.

Diesen Rat habe ich inzwischen vielen anderen weitergegeben: Gott hat nicht vor, dich zu schlagen und zu strafen, nur weil du es nicht so geschafft hast, wie du es dir vorgenommen hattest. Aber du darfst dich wieder neu Gott zuwenden, weil er sich nicht von dir abgewandt hat.

Du musst lernen, was möglich ist und was unerlässlich zum Christsein gehört. Erkenne und beachte die Unterschiede zwischen den Dingen, die dich absolut von Gott trennen, jegliche Sünde zum Beispiel, und dem, was dir gut täte, was dich stark machen würde, was deinen Glauben fördern könnte. Es gibt eine ganze Menge, was dazu gehören kann: Gebet, Bibel, Predigt, Dienst, Zehnter, Nächstenliebe, Gerechtigkeit und Barmherzigkeit – und vieles anderes mehr. Begeistere dich für Gott!

*Herr, erhalte mir die Freude an dir, an deinem Wort und deiner Kirche.*

Apostelgeschichte 17,11 | Schlechtes Gewissen | Tägliche Bibellese

## 37. „Ich lüg' nicht mehr!"

Im evangelischen Religionsunterricht der Hauptschule konnte ich den Schülern deutlich machen, dass jeder für sich Jesus in sein Leben aufnehmen muss, wenn er einmal ewig bei Gott zu Hause sein möchte. Ich bot an, in der Pause mit jedem zu sprechen und zu beten, der das will. Ein 12-Jähriger blieb zurück. Ich fragte ihn: „Was willst du?" – „Ha, Jesus aufnehmen!" Ich erklärte ihm noch einmal, Jesus anzunehmen, wie es Johannes 1,12 sagt. Das wollte er. Wir beteten miteinander und ich wurde Zeuge davon, dass er Jesus Christus in sein Herz und Leben aufgenommen hat.

Acht Tage später. In der Pause hielt ich ihn zurück und fragte ihn: „Wo ist denn Jesus jetzt?" – „In meinem Herzen!" – Ich hakte nach: „Woher weißt du das?" Er ganz überzeugt: „Ha, ich hab' doch gebetet, dass er in mein Herz kommen soll!" Gut so. Ich ließ ihn laufen und betete im Stillen für ihn.

Wieder acht Tage später. Ich passte ihn in der Pause ab und fragte ihn: „Ist Jesus immer noch in deinem Herzen?" – „Ja!" Nun wollte ich es genau wissen: „Hat sich seither etwas verändert?" – „Ja!" – „Was denn?" Und voller Stolz verkündete er: „Ich lüg' nicht mehr!"

Natürlich konnte er noch lügen, aber so einfach wie bisher ging es nun nicht mehr. Er hatte gemerkt, dass sich da etwas verändert hatte. Ihm waren sonst die Ausreden und Lügen leicht über die Lippen gegangen, aber seit Jesus in seinem Herzen wohnte, ging das nicht mehr so einfach. Schon Jesus hat gesagt: „Wie es im Herzen eines Menschen aussieht, das erkennt man an seinen Worten!" Matthäus 12,34b.

Jesus in seinem Herzen wohnen lassen, das ist nicht nur eine gedankliche Sache, sondern erfahrbare Wirklichkeit. Er wohnt gern in uns und verändert uns. Das merken wir dann selbst und die anderen merken es auch. Denn dazu ist Jesus gekommen, die Werke des Bösen zu zerstören. 1. Johannes 3,8. Er beginnt damit immer in unserem Inneren, in unserem Persönlichen.

*Herr Jesus Christus, wohne du auch in mir.*

## 38. Fußball-Weltmeisterschaft 2018

Ein bisschen müssen Sie sich mit Weltfußballern auskennen, sonst verstehen Sie diese wahre Geschichte nicht:

Nach dem Gottesdienst standen wir mit unserer Familie vor dem Haus und fragten den jüngeren Enkel: „Na, was habt ihr heute in der Kinderkirche für eine Geschichte gehört?" Der Kleine: „Vom Kimmich!" Und Opa: „Was? Von wem? Von dem Fußballspieler Kimmich??" Der Erstklässler weiter: „Doch, vom Kimmich!" Betretene Ratlosigkeit.

Dann wurde der ältere Bruder gefragt „Von wem habt ihr es heute in der Kinderkirche gehabt?" Der wusste es: „Vom Josua!" Von Josua Kimmich? Großes Gelächter.

Aber klar ist, dass „der Kimmich" den gleichen Namen hat wie der biblische Held, der das Volk Israel zwar nicht ins Endspiel der WM geführt hat, aber doch wenigstens ins „gelobte Land" Kanaan: „Josua"!

Viele mögen sich an das denkwürdige Spiel erinnern. Mit ziemlicher Siegesgewissheit war 2018 in Russland der amtierende Weltmeister Deutschland gegen Mexiko angetreten und schied bereits in der Vorrunde aus. Selbst der spektakuläre Torschuss von Timo Werner in den letzten Minuten half nicht zum Sieg.

Wäre Paulus Fernsehkommentator gewesen, hätte sich das so anhören können: „Wisst ihr nicht, dass die, die in der Kampfbahn laufen, die laufen alle, aber einer empfängt den Siegespreis? Lauft so, dass ihr ihn erlangt." 1. Korinther 9,24. – Nächstes Mal vielleicht.

*Herr, lass mich am Ende dabei sein.*

2. Timotheus 4,7 | Vergeblich gelaufen | Sei ein Überwinder

## 39. „Mein Papa ist – nichts!

Im Kindergarten war das Thema dran: „Welche Berufe gibt es?" Die Kinder sollten erzählen, was ihre Eltern beruflich tun. Unser Michael beteiligte sich am Gespräch nicht und schaute recht traurig aus der Wäsche. Die Erzieherin fragte ihn: „Na, Michi, und was ist denn dein Papa?" – „Der ist nichts, der sitzt bloß in seinem Büro." Hat er Recht? „Kinder und Narren sagen die Wahrheit", heißt es. Oder zeigt sich hier nur eine ungenaue Wahrnehmung, ein auszugsweises Wissen um den anderen? Oder hat dieses Kind mehr erkannt als der Vater selbst? Sitzt ein Pfarrer wirklich viel in seinem Büro, zu viel vielleicht? Einen Polizisten sieht man auf der Straße. Ein Feuerwehrmann tut etwas Wichtiges. Aber ein Pfarrer, was macht der bloß in seinem Büro?

Tatsächlich: Viele Stunden habe ich am Schreibtisch zugebracht, oft gezwungenermaßen, aber oft auch freiwillig. Manchmal war es eine Last, wenn man lieber etwas anderes getan hätte, als nur den lästigen Schreibkram zu erledigen. Manchmal war es aber auch ein Zufluchtsort, an dem man in Ruhe gelassen wurde und den persönlichen Neigungen nachkommen konnte.

Trotzdem muss ich sagen, dass manche Gottesbegegnung in seinem Wort und manche Antwort auf mein Gebet gerade dort am (oder neben dem)

Schreibtisch stattgefunden hat. Ich widerspreche denen nicht, die ihren Pfarrer in der Gemeinde oft vermissen. Aber er braucht auch das – die Stille und Einkehr, das Vorbereiten und Aufarbeiten, das Ordnen und Überdenken. Nur: Mit dem kann man kaum Eindruck schinden, nicht einmal bei der eigenen Familie.

Was vor der Welt und vor sich selbst nichts gilt, das hat Gott erwählt, damit sich kein Mensch vor Gott rühme – schon gar nicht ein Pfarrer. Wenn wir aber bei Gott im Ansehen stehen, dann können wir unsere Arbeit im Segen machen, selbst wenn sie am Schreibtisch beginnt und dort wieder abgeschlossen wird – oder direkt daneben, auf den Knien.

*Herr, hilf mir zu entscheiden zwischen Tun und Lassen.*

## 40. Ehrlichkeit kostet 189,60 Euro

Es kommt ja äußerst selten vor, dass jemand vom Finanzamt zu viel Geld erstattet bekommt. Ich gehörte einmal zu diesen Glücklichen. Mein Steuerberater rief mich an und wollte wissen, ob ich zusätzlich, gewissermaßen um ihn herum, noch etwas beim Finanzamt eingereicht hätte. Ich konnte ihn beruhigen, dem war nicht so. Aber in meinem Einkommensteuerbescheid war ein Behindertenpauschbetrag zu lesen, der mir so nicht zustand, wie auch immer der da hineingekommen war.

Wahrscheinlich kann jeder verstehen, welcher Kampf in mir begann: Lasse ich es einfach so laufen oder werde ich das berichtigen? Mein Steuerberater ermutigte mich noch: „Da brauchen Sie keine Angst zu haben. Wenn die im Finanzamt den Fehler machen, kann man Sie nicht belangen. Das ist deren Problem. Keine Angst, Sie kommen vor kein Gericht!" – „Aber ich will doch auch vor dem ewigen Gericht bestehen, verstehen Sie? Darum bitte ich Sie, legen Sie für mich Einspruch ein." Am andern Ende der Telefonleitung war es beklemmend still geworden. „Nun, wenn Sie es wollen." – „Ja, ich will." Meine Frau habe ich erst hinterher gefragt, aber das wusste ich: Sie würde nichts anderes wollen.

Eine geraume Zeit später kam der berichtigte Bescheid: Die Pauschale für Behinderte war gestrichen und wir mussten stattdessen 189,60 € Steuer nachentrichten. War ich nun arm geworden? Oder reich? Können mich 189,60 € reich machen? Oder ist es nicht vielmehr ein Glück zu wissen, dass ich ehrlich war? „Der Segen des Herrn allein macht reich", so lehren es die Sprüche Salomos (10,22). Aus ihnen kann man viel Weisheit lernen. Ich kann das Wort Gottes testen und darauf achten, wie der Herr meine Steuerehrlichkeit in Segen verwandelt.

Noch fehlen mir die nachgezahlten Euro in meinem Portemonnaie, aber mein Herz ist zufrieden. Das ist doch auch etwas. Und dann warte ich mal ab, was das ewige Gericht dazu sagen wird. Denn das letzte Wort ist ja noch nicht gesprochen.

*Herr, lass mich immer ehrlich sein, immer.*

## 41. Ich glaube, hilf meinem Unglauben!

Auf einer Missionsreise durch die ehemalige UdSSR kamen wir 1988 auch nach Karaganda. Ein Gemeindeleiter besuchte uns heimlich im Hotel. Wir nahmen uns viel Zeit fürs Gespräch, er hatte tausend Fragen. Es wurde Abend und für den Bruder gab es keine Möglichkeit mehr, nach Hause zu fahren. Damit er nicht auf dem zugigen Bahnhof übernachten musste, räumten wir Reiseleiter einiges aus unseren Betten und breiteten es auf dem Bettvorleger aus. Da sollte er schlafen. In aller Herrgottsfrühe saß er dann morgens schon im Sessel und studierte meine „Biblische Wortkonkordanz". Das war etwas Neues für ihn. Schließlich lasen wir miteinander die Tageslosung und beteten.

Nun kam mir das Problem ins Bewusstsein: Wir konnten für ihn kein Zimmer mieten; Einheimische durften damals die Ausländer-Hotels nicht einmal betreten, und nun hatte der Bruder sogar bei uns übernachtet! Wie sollten wir ihn jetzt zum Hotel hinausbringen, ohne dass es der Polizist am Ausgang merken würde? – Da kam uns die Tageslosung zu Hilfe: Wenn nicht dein Angesicht vorangeht, so führe uns nicht von hier hinauf. 2. Mose 33,15. Wie passend war doch dieses Wort! Im Gebet nahmen wir dieses Wort für uns in Anspruch und glaubten, dass Gott uns helfen würde.

Vor dem Frühstück mobilisierte ich die gesamte Gruppe: „Wir werden jetzt alle gleichzeitig in einem einzigen Pulk durch die Hoteltür gehen, den Bruder in der Mitte, und dann wieder zurück. So wird er unbemerkt verschwinden können, egal wie blöd das aussieht." Gesagt, getan: Der ganze Haufe strebte mit dem fremden Gast in der Mitte zur Tür, fest an die Verheißung glaubend. Aber – da war gar kein Polizist! Das hatte es noch nie gegeben, die Tür war immer bewacht. Der ganze Aufwand wäre nicht nötig gewesen. Und ich war beschämt, denn ich hatte fest an die Tageslosung geglaubt, dann aber eben doch noch einen menschlichen Trick benützt. War es nun der Glaube an Gott oder der geschickte Trick, der geholfen hat? Hat Gott es nötig, dass wir ihm nachhelfen?

*Herr, ich glaube, hilf meinem Unglauben.*

2. Mose 33,15 | Der hinausgeschmuggelte Bruder | Vom völligen Vertrauen

## 42. Ihr sollt vollkommen sein

Im Flugzeug nach Omsk saß in der Reihe vor mir ein etwa achtjähriger Junge. Durch die Lücken der Sitze haben wir miteinander geflüstert. Er zeigte auf mein kleines Kreuz am Revers des Anzugs: „Ich will auch so ein Gottes-Zeichen." Nicht schlecht. Wenn er schon nicht weiß, dass man dazu „Kreuz" sagt, dann hat er doch mit dem „Gotteszeichen" dem Nagel auf den Kopf getroffen.

„Glaubst du an Gott?", wollte ich wissen. „Ja. Aber in meiner Klasse ist einer, der glaubt nicht an Gott." – „Wie dumm!", erwiderte ich. Und er, ganz ein überzeugter Kämpfer des Herrn: „Ich hasse ihn!" – „O nein, das darfst du nicht. Du musst ihm sagen, dass Gott ihn liebt. Denn er liebt dich und ihn." Da schaute er aber ganz ungläubig zwischen den Sitzen hindurch. Fast hätte ich seine Gedanken lesen können: Wie kann Gott den lieben, der nicht an ihn glaubt?

Nun, keiner von uns hat schon immer geglaubt. Der eine fing vielleicht etwas früher an als der andere. Ein anderer glaubte sofort und fest, als er sich bekehrte, ein anderer brauchte recht lange, bis er für Gott gewonnen wurde. Aber Glauben haben wir weder in den Genen, noch bei der Geburt bekommen, noch durch die Muttermilch eingesogen. Glauben schenkt Gott. Und nur geschenkt bekommen wir ihn. Wir können ihn nicht machen, nicht kaufen, nicht im Lotto gewinnen. Wir können über unseren Glauben nicht beliebig verfügen.

Das Gotteszeichen – das muss in unserem Herzen aufgesteckt werden. Das Kreuz weist uns auf den hin, der daran für dich und mich gelitten hat. Als er dort starb, rief er laut aus: „Es ist vollbracht!" Damit war gesagt, dass jeder glauben kann. Jeder darf sich der Liebe Gottes und der Erlösung gewiss sein. Das anzunehmen, das festzuhalten, das öffentlich zu bekennen, das ist dann wirklich unsere Sache. Und wer dies schon viele Jahre macht, der weiß: Das Kreuz hält mich, und Jesus bekennt sich zu mir, mehr, als ich mich zu ihm bekenne. (Sogar Bischöfe können verschämt ihr Amtskreuz ablegen.)

*Herr, wie gut, dass du mich hältst.*

Matthäus 5,44 | Der glaubenseifrige Fluggast | Von der Feindesliebe

## 43. Betet ohne Unterlass

Es war Zeit für Ferien, nicht nur für die Eltern, auch für die Kinder. So waren wir wieder mal nach Italien gestartet. Im familiengerechten Hotel hatten wir gebucht, aber in der Vorsaison waren wir die einzige Familie. Im Speisesaal saßen leider nur ältere Herrschaften an den Tischen. Wir fielen mit unseren vier kleinen Kindern richtig auf.

Das meiste Aufsehen entstand dadurch, dass wir mit unseren Kindern vor und nach dem Essen beteten. Für die beiden Buben war das völlig selbstverständlich, für die anderen Hotelgäste nicht unbedingt. Wenn der nette Kellner aufgetischt hatte, falteten wir die Hände, sprachen ein kindgerechtes Tischgebet und reichten uns dann die Hände zu einem fröhlichen „Wir wünschen einen guten Appetit. Alle Mann ran!".

Zuerst lachten die Leute über unsere ungezwungene Fröhlichkeit. Dann lächelten sie nur noch beim Nachsatz: „Alle Mann ran!" Und dann stellten wir fest, dass die Tischnachbarn mit ihrem Essen warteten, bis wir auch versorgt waren, bis wir unser Tischgebet gesprochen hatten und dann schließlich die Aufforderung kam: „Alle Mann ran!"

„Wir haben früher zu Hause auch gebetet." – Warum früher und heute nicht mehr?

„Als unsere Kinder noch klein waren, da haben wir auch gebetet." – Warum soll man nur mit kleinen Kindern beten, nicht auch mit großen oder gar den Erwachsenen?

„Schön, dass es so eine Familie noch gibt." – Es gibt sicher noch viele solcher Familien.

Es erfordert etwas Mut, das Tischgebet vernehmlich zu sprechen. Es gibt vielleicht auch ein paar Grinsende. Aber ganz sicher gibt es auch die Bewunderer, die es gerne täten und mitmachen würden, wenn nur jemand anfangen würde. Wir jedenfalls hatten viele gute Gespräche.

*Herr, wenn dir niemand dankt, dann will ich der Erste sein.*

---

1. Thessalonicher 5,17 | Tischgebet im Ferienhotel | Beten kann anstecken

## 44. Mache dich zum Vorbild

Wir hatten Besuch aus Russland. Eines Abends fragte unser Gast, ob es denn in Deutschland ein Gesetz gäbe, nach dem jeder Autofahrer seinen Wagen zu waschen habe. Bei uns war großes Erstaunen: „Wie kommst du denn darauf?" – „Weil alle Autos so sauber sind!" Ich dachte zuerst, das sei eine Anspielung auf mein gerade nicht poliertes Fahrzeug, aber unser Gast meinte es sehr ernst. Meine Frau hat dann versucht zu erklären, dass es schwierig sei, mit einem ungepflegten Auto zu fahren, wenn alle ringsherum ihre Karossen auf Vordermann hielten.

Ja, ein gutes Vorbild kann zum Nacheifern anregen. „Aber erzwingen kann man es nicht!" – Nein, das widerspricht dem Sinn. Vorbild ist man so lange, bis andere einem nacheifern. Dann gehört man einfach dazu. In einer guten Gesellschaft fühlt man sich wohl. Auch in der Gesellschaft der samstäglichen Autopfleger.

Wenn der Apostel Paulus seinem jungen Mitarbeiter Titus zum Thema „Vorbilder" geschrieben hat, dann wollte er ihn und die anderen jungen Männer in der Gemeinde ermutigen, einfach so lange weiterzumachen, bis auch andere – wenn auch nicht alle – ein vorbildliches Leben führen. Das war alles andere als selbstverständlich. Aber die junge

Gemeinde hatte nur dann eine Anziehungskraft, wenn sie sich vorbildlich verhielt. Die Gemeinde sollte durch diese netten jungen Menschen ausstrahlen, was der Glaube in sie hineingelegt hatte. Übrigens: Nicht nur die Jungen, die Alten auch.

Sie konnten und sollten auch nicht ihr „Heilig's Blechle" polieren und vor den Augen der Nachbarn glänzen lassen. Sie sollten selbst leuchten und nachahmenswert sein. Die Welt sucht solche Vorbilder, Menschen, die ihr Christsein fröhlich und ihren Glauben mit Gewissheit leben. Es wird viel mehr auf uns geachtet, als wir es vielleicht ahnen. Kann man Jesu Gesinnung an uns erkennen? Wenn einer gut ist, glaubwürdig und durchschaubar, dann ist es gut, dann bekommt er Nachahmer.

*Herr, ich will für dich ein Vorbild sein. Schenke mir Nachahmer.*

Titus 2,7 | Gewaschene Autos | Vorbild für viele

## 45. Hausbesuch (un)erwünscht

Wir hatten einen sehr beliebten Praktikanten. Er war auch clever. Wenn er mit seiner Gitarre loszog, um Hausbesuche zu machen, da freuten sich die Alten, Kranken und Jubilare schon. Auf dem Dorf spricht sich so etwas schnell herum – welcher junge Mann wird schon werktags unterwegs sein und Besuchsdienst machen, und mit solcher Freude?! In der Regel ist man ihm offen und ehrlich begegnet.

Und man konnte auch gleich noch das Herz ausschütten: „Sie kommen, gell, aber d'r Pfarrer selber kommt net!" Schlagfertig gab der angehende Missionar dann zurück: „Oh, der Herr Pfarrer kommt gern zu Ihnen. Soll ich es ihm sagen?" – „Noi, aber jo net. So dringend isch's net." Wie schnell sich doch die Meinung ändern kann. Der fleißige Hausbesucher hat dieses Spiel der Aufrichtigkeit gern gemacht, und oft: In wie vielen Häusern steckt der böse Kern der Unehrlichkeit!

Der Besuchsdienst wird von Jakobus unter anderem als der „reine und unbefleckte Gottesdienst" bezeichnet. Aber es gibt zwei Seiten: „Besuchen-wollen" und „Besuch-wollen". Da ist oft eine große Spannung zwischen der Erwartung, oft unausgesprochen, und der Begegnung, die vielleicht zu einer ganz neuen Spannung führen kann.

Manchmal fehlt es am „Besuchen-wollen", zweifellos; manchmal fehlt auch schlicht die Zeit. Es ist aber nicht immer leicht, wenn der Pfarrer, oft selbst mit vielen anderen Dingen und Sorgen befasst, sich auch noch dieses und jenes „Ungereimte oder Zusammengereimte" anhören muss. Natürlich ist er Seelsorger, aber die oft ungeprüften Vorwürfe sind nicht „seelsorgerlich" – und auch ein Pfarrer hat eine Seele. In Jakobus 5,16 werden beide aufgefordert, Pfarrer und Kranker, füreinander da zu sein: einander die Sünden zu bekennen, füreinander zu beten.

Was ist zu tun? Offen und ehrlich seinen Besuchs-Wunsch vorbringen wie auch offen und ehrlich Unvermögen und Angst gestehen.

*Herr, gib mir Mut, ehrlich und offen zu sein – ich meine: seelsorgerlich.*

## 46. Der Herr ist mein Arzt

Unser Gemeindeleiter in Omsk musste operiert werden. Man legte ihn also auf den OP-Tisch und fing mit der Narkose an. Was tut ein Christ, wenn er sein Leben in die Hände der Ärzte geben muss? Er betet! Bevor die Ärzte die Hände an ihn legen können, legte er sein Leben in die Hand des guten Arztes. „Jesus ist der beste Arzt!", das glaube ich ganz gewiss. Später fragte der Operateur eine Frau aus der Gemeinde, die im selben Haus wohnte: „Sag mal, was ist das für ein Mensch? Ist er ein Russe (er meinte: ein gläubiger, orthodoxer Christ) oder ist er ein Jude?" – „Nichts von beiden. Er ist ein Lutheraner, der an Jesus Christus glaubt. Warum fragst du?" – „Nun, wir haben ihm die Narkose gegeben und er hat immer noch geredet. Also ist er doch ein Jude."
Wie wenig doch ungläubige Menschen verstehen. Sie denken, die Medizin kann alles, die Wissenschaft beherrscht alles, der Wille des Menschen bestimmt alles. In gewissem Sinne ist es auch so: Wir fügen unseren Willen in den Willen Gottes hinein. Dann kann der Arzt machen, was er will, es geschieht doch Gottes Wille. Selbst in der Narkose „betet es in uns noch weiter". Wie die Bibel es sagt: Betet ohne Aufhören! So kann man 1. Thessalonicher 5,17 auch verstehen.

Wenn das Bewusstsein, zum Beispiel durch Narkose, ausgeschaltet wird, wird Gottes Verfügungsgewalt und Macht noch lange nicht abgestellt. Wir bleiben in seiner Hand. Wenn es dunkel wird, wenn uns die Sinne schwinden, gilt immer noch: Sein Licht scheint an einem dunklen Ort! (2. Petrus 1,19) Wie dunkel kann Krankheit sein oder die Angst vor einer Operation oder der Schrecken vor dem Leiden ohne absehbares Ende? Ich befehle meinen Geist (und meinen Leib) in deine Hände! (Psalm 31,6) Nicht dass dadurch das Leiden aufhören würde, aber es bekommt einen Sinn. Nicht dass die Ärzte unnötig wären, aber der „Chefarzt Jesus" wird hinzugezogen. Ich bin sein Privatpatient. Das ist ein tiefer Trost. Schließlich hat Gott seine Zusage aus 2. Mose 15,26 noch nicht zurückgenommen.

*Herr, wenn es ins Leiden geht, dann sei du mein Arzt und Tröster.*

## 47. Der Mensch ist zum Leben bestimmt

Mit einer leitenden Mitarbeiterin in der Altenpflege hatte ich über das Altwerden gesprochen. Sie selbst wollte absolut nicht alt werden, weil sie täglich dieses Elend um sich herum mit ansehen musste – wenn der Mensch langsam vergeht, länger für das Sterben braucht als für die Geburt. Aber leider kann man das nicht testen. Man wird geboren und lebt, ohne eigenes Zutun. Man wird sterben und ist tot, selbst wenn man sich noch so sehr dagegen sträubt.

„So nicht!", war ihre ganz feste Überzeugung. Dann kam sie eines Tages, musste den Tod ihres Lebenspartners mitteilen und die Beerdigung besprechen. Im Urlaub waren sie abends essen gegangen und er fiel einfach vom Stuhl und war tot, ohne einen Ton. „So auch nicht!" Aber wir können es uns nicht aussuchen. Das ist wenig Trost, aber doch eine ganz feste Aufforderung: Herr, lehre uns bedenken, dass wir sterben müssen, damit wir klug werden! (Psalm 90,12)

Klug ist der, der im Leben mit dem Tod rechnet und im Sterben mit dem Leben. Es ist Gott, der die Menschen sterben lässt, und nicht die Ärzte. Die wollen vielleicht eine Zeit lang das Leben erhalten und verlängern; dazu sind sie da. Nachher können sie nur noch den Totenschein ausstellen. Wenn aber

Gott spricht: „Kommt wieder, Menschenkinder", dann heißt das, dass er nach dem Sterben noch etwas mit uns vorhat. Das Schönste kommt nämlich noch. Ob es kurz oder lang ist: Wir wollen Gott rühmen und fröhlich sein unser Leben lang (Psalm 90,4). Und was dann? Hören wir dann auf – oder fangen wir dann erst recht an mit dem Fröhlichsein und Gott-rühmen? Eines ist gewiss:

> Solange wir leben, ist Er bei uns,
> und wenn wir sterben, sind wir bei Ihm!

Wir sind klug, wenn wir bedenken, dass unser irdisches Leben ein Ende hat und unser himmlisches einen Anfang.

*Herr, lehre mich bedenken, dass ich durchs Sterben zum Leben gehe.*

Psalm 90,12 | Der plötzliche Todes-Fall | Alt sterben – oder jung?

## 48. Es geht ums Ganze

Der Gottesdienst war aus, und die Mesnerin und die Organistin waren ganz aufgeregt: Sie zählten miteinander die Kollekte und fanden darin einen halben Zwanzig-Mark-Schein, der Länge nach abgerissen. „Was sollen wir damit machen?" – Nun, ich riet, zunächst einmal abzuwarten: „Sicher kommt am nächsten Sonntag die andere Hälfte." Aber sie kam nicht. Stattdessen fand sich einige Monate später wieder ein halber Geldschein im Opferkasten, dieses Mal ein Zehn-Mark-Schein, quer abgetrennt. Wir überlegten uns lange, wer denn so etwas machen könnte? Ob derjenige nur den halben Betrag geben wollte? Ich fragte bei meinen Kollegen nach, ob sie die nötige Hälfte gefunden hätten, aber: Nichts! Nicht einmal der katholische Pfarrer konnte mir helfen.

Die halben Geldscheine brachte ich zur Bank; von dort hat man sie der Bundesbank eingereicht. Schließlich kamen die Geldscheine mit einem freundlichen Schreiben zurück, und auf dem halben Geldschein prangte ein Stempel in Blau: „Kein Ersatz!" Und ein Stempel in Rot besagte: „Nicht größer als die Hälfte!" Dazu zwei unleserliche Unterschriften. Nun war es mir klar und amtlich besiegelt: Wenn nicht mehr als die Hälfte vorzuweisen ist, dann gibt es keinen Ersatz. So hatte der

„edle Spender" zwar sein Geld eingesetzt, aber es hat uns nichts gebracht.

Mir wurde es zum Symbol: Ein halber Glaube ist nichts wert! Jesus kam ja auch nicht nur halb auf die Erde oder ging nur halb ans Kreuz. Er ist auch nicht halb auferstanden, sondern ganz und gar. Und so soll ich auch glauben: nicht halb, sondern ganz. So soll ich ihm dienen: nicht halb, sondern ganz. So soll ich auf ihn warten: nicht halb, sondern ganz. Er wird mir die Krone der Herrlichkeit geben – nicht halb, sondern ganz. Gott macht immer ganze Sache. Er lässt nie etwas Angefangenes liegen. Er wird zu unseren Halbheiten noch das Fehlende ergänzen. Übrigens: Inzwischen gesellte sich ein halber Fünf-Euro-Schein dazu. Wer macht denn solche halben Sachen?

*Herr, ich danke dir. Du liebst mich ganz, nicht halb.*

Apostelgeschichte 5,3 | Halbe Geldscheine | Keine halben Sachen

## 49. Mit dem Mühlstein ins Meer versenkt

Endlich ein predigtfreier Sonntag! Ich sitze und höre. Ein bekannter Prediger legt den wunderbaren Text aus Matthäus 11,1–6 aus: Der Täufer Johannes soll daran den Christus erkennen: „Blinde sehen, Lahme gehen, Aussätzige werden rein und Taube hören, Tote stehen auf und den Armen wird das Evangelium gepredigt." Die Predigt hörte sich ganz gut an und der Schluss war intellektuell vernünftig, aber es war genau das Gegenteil vom Bibeltext: Der Prediger forderte die Gemeinde auf, Mut zu haben, Leiden auszuhalten und zu ertragen. In meiner Bibel steht aber, dass Jesus genau das Andere tat: Er heilte, er reinigte, er weckte vom Tod auf. Warum kann man das nicht stehenlassen? Es wäre ein Akt des Glaubens, wenn man Christus die Ehre ließe und auf seine Zeichen des anbrechenden Reiches Gottes achtete.

Gerade zu dieser Zeit waren wir zu einer Hochzeit geladen. Der Vater des Bräutigams nahm die Trauung selbst vor. Der Bericht aus Johannes 2 über die Hochzeit zu Kana schien zu passen; er holte viel Schönes, Wichtiges und Richtiges aus diesem Text heraus. Dass es aber gelingen konnte, dieses erste Wunder Jesu, nämlich die Verwandlung von Wasser zu Wein, so umzudeuten, das war mir neu: Bei einer Hochzeit brauche es keinen Wein, da er zur Sünde verführe, wie man es oft erleben kann. Nach dieser Auslegung wäre sich jeder wie ein Schuft vorgekommen, hätte er bei der anschließenden Hochzeitsfeier nach einem Bier oder Wein verlangt. – Man muss ja nicht sechs volle Krüge Wein leertrinken; aber warum lässt man nicht stehen, was Jesus tat, wenn es die Bibel eben nun mal berichtet?

Jesus hat Mitleid mit den Kleinsten im Glauben. Wer ihnen ein falsches Evangelium vorsetzt, den soll man mit einem Mühlstein um den Hals im Meer seinem Schicksal überlassen. Markus 9,42. – Oder ist nicht der im Glauben klein, der Jesus keine Wunder zutraut? Auch heute noch? Ist nicht der im Glauben klein, der eine Verwandlung von Wein in Wasser will, weil er eine Verwandlung von Wasser in Wein ungehörig findet?

*Herr, hilf mir, dass ich die Dinge in deinem Wort stehen lassen kann.*

## 50. Hochmütiger Bischof unterdrückt Gemeinden

Bei der Dienstbesprechung war großes Gelächter. Der Protokollant hatte in der letzten Kirchengemeinderats-Sitzung vermerkt:

Andacht über den Hochmut von Pfarrer Sailer

Natürlich wurde das durch Einklammerung des Namens schnell korrigiert. Oder war da doch etwas Wahres dran? Ich habe es meiner Frau erzählt. Wie lustig doch so ein Arbeitstag im Pfarramt sein kann! – Ich studiere den Schaukasten und kringele mich vor Lachen und zeige sie auch meiner Frau, diese so wohl nicht beabsichtigte Lesart:

Vortrag: „Sibirien – Kirchengemeinden nach Zeiten der Unterdrückung" durch Bischof Sailer

Also, da muss nun doch etwas dran sein, wenn man einmal die Anführungs- und Schlusszeichen außer Acht lässt. Was ist das wohl für ein Mensch: Ein hochmütiger Pfarrer, der in Sibirien die Gemeinden unterdrückte? Oder sollten wir lieber einmal darüber nachdenken, wie wichtig Wortstellung, Satzzeichen und Häkchen sind – Virgel, Semikolon, Klammern und Anführungsstriche? Das kleinste Häkchen in der hebräischen Bibel ist das

Jota, von dem Jesus so bedeutungsvoll in der Bergpredigt spricht: Es ist leichter, dass Himmel und Erde vergehen, als dass auch nur ein Tüpfelchen vom Gesetz fällt. Mt.5,18.

Ein mächtiges Wort und zugleich sehr tröstlich. Es hat sich ja schon mancher unterstanden, am Wort Gottes herumzuflicken: Was nicht in den eigenen Kram passt, verdrehen, da etwas wegnehmen, dort etwas hinzufügen – obwohl nach Offenbarung 22,18 ff. darauf Höchststrafe steht! Wir sollen weder am Wort Gottes herumdeuteln noch sollen wir unter dem Vorwand moderner Wissenschaft und theologischer Freiheit dulden, dass ein anderes Evangelium entsteht. Gottes Wort wird noch Gültigkeit haben, auch wenn Himmel und Erde vergangen sind (Mt 24,34), wenn Naturgesetze aufgelöst und Kirchen überflüssig geworden sind. Was zuletzt gilt, das zählt.

*Herr, dein Wort ist eine edle Gabe, diesen Schatz erhalte mir.*

## 51. „Wie alt sind Ihre Füße?"

Auf dem Rückweg vom Gottesdienst im Altenheim am andern Ortsende ruft mir eine Frau zu: „Herr Pfarrer, soll i Sie mit em Auto hoimführa?" Ich verneinte und bedankte mich: „Noi, noi, i hab noch junge Füß'." Aber sie gab nicht nach: „Wie alt send denn Ihra Füß'?" – „65!" – „Ond meine send 88. Soll i Sie net doch hoimführa?" Da verneinte ich erst recht. – Ein paar Wochen später erzählte mir diese alte Dame, dass sie mit ihrem Auto gegen ein Hindernis gefahren sei. Aber ihr habe es gar nichts gemacht: „Wer des Auto g'seha hat ond mi, der denkt net, dass i des überlebt hätt. Aber es war mir a' Lehr. I fahr koi Auto meh'."

Siehe auf den Bergen die Füße eines guten Boten, der da Frieden verkündigt! Der uns wenig bekannte Prophet Nahum findet, dass man auf die Füße der Friedensboten schauen solle. Erstens findet man die nicht überall. Sie sind rar und werden nicht an der Schuhgröße noch an den goldenen Schnallen erkannt. Eher ist deren Schuhwerk ausgelatscht und fast abgetreten, denn sie haben keinen Weg gescheut, keine Entfernung und keinen Stolperstein. Sie waren nur unterwegs, um den Frieden ins Land zu tragen.

Zweitens. Was in der Welt Mode ist und glänzen will, das geniert die Friedensboten wenig. Meistens laufen sie gerade gegen den Trend. (Es gibt ja viele, die von Frieden reden, aber durch Worte entsteht kein Friede, es seien denn entschuldigende Worte und um Verständnis bemühte Gesten.) Solchen Friedensboten möge man 88 und mehr Jahre wünschen und dass sie unermüdlich weitergehen möchten.

Der Friedensbote, drittens, darf Schuhe tragen, wenn er sich aufgemacht hat. Lasst ihn für den Frieden sorgen und gebt ihm Schuhe an die Füße. Obwohl – die meisten einheimischen Evangelisten in der Welt sind barfuß unterwegs. Friedensboten sind meist einfache Menschen, darum tut doch etwas, was diesen wohltut. Das sei euer Liebesdienst.

*Herr, ich will mich am Friedensdienst in dieser Welt beteiligen.*

## 52. Missionare ohne Plastikgeld?

In unserem schwäbischen Dorf waren Hausbesuche etwas, was man von jedem Pfarrer erwartete. Also ging ich los – und machte so meine Erfahrungen. Ich war noch neu und die Geburtstagsbesuche, zu denen ich im Ort unterwegs war, waren voller Überraschungen.

„Herr Pfarrer, hen Se 's Auto dabei?" – „Nein." – „Hen Se a'Tasch' dabei?" „Au' net!" – „Ha, Se kennet doch net so fortganga ohne Auto ond ohne a' Tasch'!" Anscheinend doch. Aber ich musste es halt noch lernen, dass man neben dem obligatorischen Kuvert „Für die Gemeinde" oder „Für die Mission" oder „Wo am nötigsten" auch selber noch etwas bekommen sollte, ein paar Eier oder ein Glas Honig oder eine Flasche Wein, meistens roter Württemberger. – Man freut sich schon, wenn man aus Dank oder Anerkennung etwas bekommt.

Manchmal musste ich denken, ob das mit der Bibel konform sei, denn Jesus gebot seinen Jüngern, nichts mitzunehmen auf den Weg als allein einen Stab, kein Brot, keine Tasche, kein Geld im Gürtel, wohl aber Schuhe, und nicht zwei Hemden anzuziehen. Einen Stab brauchte ich noch nicht – weder dass ich schon so hinfällig gewesen wäre, noch dass meine Tour zu den Hausbesuchen zu groß ausfallen würde. Brot – so lange war man ja nicht unterwegs, dass man Hunger bekommen hätte. Keine Tasche – das war ambivalent, wie ich oben geschrieben habe. Kein Geld – das bedeutete damals mehr als heute im Zeitalter der Scheckkarte. Da waren ja die Boten wirklich auf ihren Auftraggeber Gott angewiesen und/oder auf die Empfänger des Evangeliums.

Musste dann ein Bote, der es nicht so leicht 'rüberbrachte, darben? Nun, wenigstens Schuhe und Hemd wurde allen zugestanden. In was für einem Wohlstand leben wir heute und wie gut ausgestattet sind die Verkündiger heute unterwegs! Oder hätten die etwas zu klagen? Und wem würden sie klagen?

*Herr, lass mich zufrieden und dankbar sein.*

Markus 6,8–9 | Hausbesuche ohne Tasche | Von Jesus versorgt

## 53. Mit ganzem Herzen Dienstaushilfe

In meinen letzten Dienstjahren als Pfarrer hatte ich einen geteilten Auftrag, 50 % im Kirchenbezirk und 50 % in einer Kirchengemeinde auf den Fildern. Obwohl der Auftrag genau beschrieben war, war das mit der 50-%-Teilung nicht immer einfach.

Viele Gemeindeglieder wussten nichts damit anzufangen: „Reicht Ihnen das halbe Gehalt?" – „Nein, das würde nicht reichen, aber ich habe noch ‚andere Schafe in einem anderen Stall', deshalb bekomme ich doch ein volles Gehalt." – Für die Konfirmanden war das „schleierhaft".

Zur Vakanzvertretung des Geschäftsführenden Pfarrers kam dann auch noch ein „Pfarrer zur Dienstaushilfe" dazu, der den Konfirmanden-Unterricht machen sollte. Die fragten ihn gleich zu Beginn: „Sind Sie ein richtiger Pfarrer oder auch so einer wie der Sailer?" Er war ein richtiger Pfarrer, aber doch auch mit einem zusammengestellten Dienstauftrag.

Man kann verstehen, dass sich der eigentliche Auftrag eines Pfarrers oder Predigers oder Missionars nicht teilen lässt: Man ist entweder Prediger oder man ist es nicht. Und trotzdem kann es so kommen, dass man weder die Stelle mit einem anderen teilt, noch dass man einen gemischten Dienstauftrag hat, noch dass sich überhaupt im

Auftrag und Dienst eines Verkündigers etwas aufteilen lässt: Wir sind immer im Dienst und im Auftrag unseres Herrn Jesus unterwegs. Und wenn wir einmal zur Ruhe kommen, was hin und wieder auch vorkommen soll, dann stehen wir immer noch in seiner Pflicht.

Allen Mitarbeitern, den nebenberuflichen und den hauptamtlichen, gilt die Anweisung der Bibel: Wer der Welt Freund sein will, der wird Gottes Feind sein. Bei Gott gibt es keinen geteilten Dienstauftrag, mit nichts und mit niemanden. Gott teilt seine Sympathie mit keinem anderen. Und er wacht eifersüchtig darüber, dass auch wir eine klare Haltung einnehmen.

*Herr, ich will dir ungeteilt gehören und auch dienen.*

Jakobus 4,4 | „… ein richtiger Pfarrer?" | 50-%-iger Verkündiger

## 54. Betet für die, die euch beleidigen

Nach der Versammlung begleitete ich unsere Gemeinschaftsschwester zu ihrem Essensquartier. Unterwegs hielt mich ein Mann an: „Bist du nicht der Sailer?" – „Ja." – Patsch! Patsch! – Da hatte ich links und rechts ein paar an die Backen bekommen. „Was ist denn los? Warum das?", rief ich empört. „Du wirst schon wissen, warum!" Weg war er.

Ich war aufgebracht. Die Schmerzen treiben mir Tränen in die Augen. Oder war es die Empörung? Und die Schwester meinte: „Du musst ihm vergeben." Ich nickte und wusste: Sie hat recht. Aber tu das mal, wenn die Backen brennen. Nun, ich betete darum. Und der „Tag der Rache" kam:

Wir hatten Hausschlachtung und so kam ich etwas früher von der Arbeit nach Hause. Direkt vor unserem Hoftor hatte man den Weg aufgerissen, um unser Haus an die Kanalisation anzuschließen – und in dem Graben arbeitete „zufällig" mein Peiniger. Es war zwar schon eine ganze Weile vergangen, aber als ich ihn sah, meinte ich, seine Backpfeifen wieder zu spüren.

Schließlich gab es Kesselfleisch, für mich war es der Höhepunkt beim Schlachtfest. Ich bat meine Großeltern, ob ich den Männern im Graben auch etwas bringen dürfte. – Ja. – Also ließ ich vom Metzger ein paar Teller mit Kesselfleisch, Salz, Senf und Brot richten, und für meinen speziellen Freund sollte er mir einen extra Feinschmeckerteller machen mit Leber und besonders gutem Fleisch. Den Arbeitern fiel das gleich auf: „Ho, ho, wieso bekommst du etwas Besonderes?" Der aber wurde ganz rot. Er wusste ja um unser besonderes Verhältnis: Er hatte mir verübelt, dass wir seine schwerkranke Mutter besucht und ihr geistliche Lieder gesungen und das Wort Gottes gebracht hatten.

Wenn ich ihn später wieder auf der Straße traf, rief er schon von weitem: „Guten Tag". Einen guten Tag, ja, den hatte ich, weil ich als Christ Rache genommen hatte.

*Herr, gib mir Liebe ins Herz – auch für meine Feinde.*

Lukas 6,28 | Christenrache | Feindesliebe

## 55. „So will ich nicht mehr leben!"

Mit zwölf Jahren hat mich die Liebe Gottes erreicht. Meine nicht ganz lupenreine Vergangenheit konnte ich in einer Generalbeichte ordnen. Jesus hat mir alle meine Sünden vergeben – das konnte ich glauben und dieser Glaube kam nicht von mir selber: Der Heilige Geist, der mein Herz erfüllte, hat mir dies vergewissert. Mit ihm begann ein ganz neues Leben.

Mein Glaube an Jesus blieb mir nicht im Herzen stecken, sondern gewann im Alltag seine Äußerung. Vieles, fast alles hatte sich zum Besten geändert. Aber es gab auch noch „Baustellen", an denen ich arbeiten musste. Es gab Siege, aber auch diese und jene Niederlage. Trotzdem durfte ich mich immer wieder berappeln und weitermachen. Es waren Zeiten der großen Freude im Glauben. Fast sah es aus, als könnte nichts dieses Glück trüben. „In den ersten Gnadentagen wird man von dem Lamm getragen", – so hat es Anna Nitschmann (1712–1760) von der Herrnhuter Brüdergemeine gedichtet.

Aber dann kam es plötzlich ganz anders: Anfechtungen von innen und Anfeindungen von außen. Ich wusste nicht mehr aus noch ein. Ich war doch Christ geworden – warum ging es mir jetzt schlechter als vorher? Es war mir ganz neu, dass auch Christen in steter Anfechtung und ungewohnter

Anfeindung leben können. Leben müssen. Ich wollte am Leben verzweifeln, nicht am Glauben: Ich bin doch erlöst und ich werde in den Himmel kommen. „Jesus, warum holst du mich nicht jetzt schon? Ich kann nicht mehr warten. Ich will nicht mehr warten."

Ich bat um ein Wort für diese Situation und fand in 1. Thessalonicher 1,9 eine Antwort und meinen inneren Frieden: Der Sinn meines Lebens besteht darin, dass ich mich von den Abgöttern abgewandt habe mit dem Ziel, dem wahren und lebendigen Gott zu dienen. Ich erklärte mich damit einverstanden: Dienen dem lebendigen Gott! Das macht doch Sinn! Das gibt dem Leben eine Spur. Jetzt will ich wieder leben, nicht für mich, sondern für Ihn.

*Herr, ich will leben nur für dich.*

1. Thessalonicher 1,9 | Vom Sinn des Lebens | Ein Leben für Gott

## 56. Das Weihnachtslamm

Nein, Sie haben sich nicht verlesen, ich habe tatsächlich in Sibirien ein „Weihnachts-Lamm" geschenkt bekommen. Die Journalistin vom „Deutschen Kanal" in Omsk wusste aus ihrer Kindheit, dass man zu Ostern ein „Oster-Lamm" aus Biskuit bäckt. Sie hatte sogar eine eigene, in der Familie vererbte Lamm-Backform.

Immer an Ostern bekam ich von ihr ein „Biskuit-Oster-Lamm", das hat sie nie vergessen. Dafür durfte sie auch gern meine Osterpredigt für den Rundfunk aufnehmen und senden. Leider wurde der Sender für die Deutschen in Sibirien geschlossen, wie andere Medien auch.

Zu Weihnachten hat sie mir auch so ein Biskuit-Lamm gebacken und mit einem Tannenzweig weihnachtlich dekoriert. Nun war es ein Weihnachtslamm.

Wir lächeln darüber, aber für mich hatte es eine tiefere Bedeutung: Jesus Christus, der Sohn Gottes, kam, um für uns als das „Lamm Gottes" zu sterben. Das geschah aber zu einem anderen Termin, 33 Jahre später.

Jesus Christus ist nicht das „Weihnachts-Oster-Biskuit-Lamm", sondern das Lamm Gottes, welches der Welt Sünde trägt (Johannes 1,29).

Übrigens: Wahrscheinlich standen an der Weihnachtskrippe weder Ochs noch Esel. Die beiden erinnern nur an das Prophetenwort aus Jesaja 1,3: Ein Ochse kennt seinen Herrn und ein Esel die Krippe seines Herrn; aber Israel kennt's nicht, und mein Volk versteht's nicht. – Den Eier bemalenden „Oster-Hasen" gibt es natürlich auch nicht. Wenn schon ein Tier an Ostern, dann der Hahn, der drei Mal krähte, ehe Petrus seinen Herrn verleugnete. So bleibe ich bei meinem süßen „Biskuit-Lamm" an Ostern und, wenn es genehm ist, auch an Weihnachten.

*Herr Jesus Christus, du bist das Opfer-Lamm Gottes.*

Matthäus 26,24.75 | Weihnachten wie Ostern feiern | Evangelische Tradition

## 57. Heiliges Russland

Wenn wir die Begriffe „Russland" oder „orthodoxe Kirche" hören, denken wir vielleicht an Kirchen ohne Bänke, an Zwiebeltürme und vergoldete Ikonostasen, an Gesänge in feierlichen Gottesdiensten. Aber: „Einen Popen fragt man nichts!" Die Gläubigen sollen beten, spenden, Heiligenbilder kaufen, Kerzen aufstellen und Prosphora essen (dieses Opferbrot entspricht in etwa unserer Hostie).

Der Russe Sergej gehörte zum inneren Kreis der russisch-orthodoxen Kirche in Omsk. Wenn der Priester oder gar der Metropolit nach der Messe am Ausgang von einem Podest aus die Leute verabschiedete, stand der junge Mann oft daneben, um notfalls ordnend einzugreifen. Die Leute sind manchmal ungestüm und wild, wie wenn es etwas zu ergattern gälte.

In der Warteschlange stand einmal eine Frau, ziemlich abgerissen und zerlumpt. Als sie auch, wie alle vor ihr und nach ihr, den Ring des Bischofs küssen wollte, zog er seine Hand weg und fuhr sie an: „Du nicht!" Was hätte es ausgemacht, wenn diese Bettlerin auch seinen Ring berührt hätte? Die nächste Person hätte ihn wieder „saubergeküsst". Sergej war so schockiert, dass er nicht mehr in dieser Kirche bleiben wollte. So kam er zu uns in die lutherische Kirche und hat uns dieses alles erzählt.

Warum dürfen Menschen mit großem Verlangen nach Gott und Heil nicht mit dem Priester sprechen? Nicht einmal seinen Ring küssen? So werden suchende Menschen vor den Kopf gestoßen, vom Glauben „abspenstig" gemacht und um das Heil betrogen.

Einen Bischofsring zu küssen bringt ganz sicher kein Heil, aber wir dürfen auch keinen Glaubenden oder Suchenden verachten – und wenn er noch so arm wäre.

*Herr, höre mich aus der Tiefe.*

Jes 58,7 | Abendmahlsgast abgewiesen | Verlangen nach Gott

## 58. Eine, die ihre Sünden abgeben wollte

An einem Sonntag kam eine Frau kurz vor dem Gottesdienst in die Christus-Kirche in Omsk. Sie stellte sich vor: „Ich bin tausend Kilometer gefahren, um meine Sünden abzugeben, damit ich das Abendmahl bekomme – und dann kann ich sterben."

Aber wie macht man das, Sünden abgeben? Sie erzählte mir, sie habe eine behinderte Tochter und die sei schwanger geworden. Keiner hätte es gemerkt, weil sie ohnehin so dick war, und selber sprach sie nicht darüber.

Eines Morgens lag im Nachbargarten im Schnee ein Neugeborenes – das Kind ihrer Tochter! Schnell steckte die Frau das erfrorene Baby in einen Sack; später verbrannte sie es – und sie konnte mit keinem darüber reden, nicht mit der behinderten Tochter, nicht mit den anderen Kindern und vor allem nicht mit ihrem Mann: „Er hätte die Tochter sonst totgeschlagen."

35 Jahre lang litt die Frau unter dieser Last. Jetzt war sie alt und würde bald sterben, meinte sie. Aber da war noch diese unausgesprochene und nicht gesühnte Schuld. Ich führte sie zu 1. Johannes 1,9: Wenn wir aber unsere Sünden bekennen, so ist er treu und gerecht, dass er uns die Sünden vergibt und uns reinigt von aller Ungerechtigkeit.

Unter Tränen bekannte sie ihre Sünden vor Gott, darum konnte ich ihr Vergebung zusprechen. Ich gab ihr auch das Abendmahl, obwohl die Gemeinde es an diesem Sonntag nicht feiern sollte.

Sie musste gleich wieder zum Zug, konnte nicht einmal den Gottesdienst mitfeiern. Man gab ihr etwas Proviant mit, denn die Züge fahren langsam. Beim Hinausgehen fragte sie noch einmal: „Ist jetzt alles gut?" Was sollte ich ihr antworten? „Ja, jetzt ist alles gut!" War das recht so? Ja! Denn wer in Gottes Arme fällt, der ist zu Hause.

*Herr, mir sind meine Sünden leid.*

1. Johannes 1,9 | „Buße ist ein fröhliches Geschäft" | Von der Vergebung

## 59. Ostern durch Kinderaugen

An einem Karfreitag besuchten wir die junge Familie eines unserer Kinder. Als Mitbringsel hatten wir für die Enkel einen Ausschneide-Bogen mit dem Grab Jesu dabei. Da konnte man einen „schweren Stein" vor die Grabesöffnung wälzen. Drei kleine Papierfiguren gehörten dazu: Die weinende Maria, der sportliche Johannes und der ältliche Petrus. In der Kinderkirche war die Geschichte von Karfreitag und vom Ostermorgen schon erzählt worden.

Nun haben wir diese Geschichte immer und immer wieder gespielt: Ich musste weinen wie die Maria, weil ihr der verstorbene Jesus genommen worden war. Das Ostersuchen begann: Ich musste humpeln und stolpern wie der Petrus und deshalb zu spät ans Grab kommen. Den schnellen und sportlichen Jünger aber hat sich (wegen Namensgleichheit) unsere Johanna nicht nehmen lassen. Sie wollte zuerst am Grab sein.

Den ganzen Karfreitag spielten wir „Grab Jesu". Dass man einen ganzen Tag damit verbringen kann? Schließlich habe ich noch eine liegende Figur ausgeschnitten und ins Grab gelegt: Jesus. Immer wieder haben die beiden Mädchen ins Grab gespickt, ob Jesus denn noch drin liegt. Er wird ja erst am Ostermorgen auferstehen.

Ich musste den Engel ausschneiden und ihn an den schweren Rollstein kleben, den er am dritten Tag wegrollen sollte. Das Kreuz im Hintergrund musste auch noch aufgerichtet werden. Auf der anderen Seite war der aufsteigende Jesus: Himmelfahrt.

Aber es fehlte noch etwas, und in der Bibel ist das nicht erwähnt: „Die Fahrkarte für die Himmelfahrt!" Typisch Kind: Die Auferstehung war gar kein Problem, die Fahrkarte schon, aber schließlich war auch sie angeklebt. – Die Kinder glauben, dass Jesus auferstanden ist. In voller Lautstärke haben sie auf dem Heimweg von der Kirche ihr Lied gesungen, das sie über die Auferstehung Jesu gelernt hatten.

*Herr, ich glaube!*

Johannes 20,1–10 | Kinder spielen Ostern nach | Ostern ist ein Fest

## 60. „No' nix schenke lasse!"

Als Pfarrer kam ich in eine neue Gemeinde. Da muss man allerhand lernen, nicht nur die vielen neuen Namen.

Nach der Antrittspredigt klingelte es am Montagmorgen. Acht Uhr ist am „Pfarrerssonntag" schon recht früh. Der Mann war mir bereits im Gottesdienst aufgefallen unter den vielen, die mir zur Begrüßung die Hand reichen wollten. – „Herr Pfarrer, kann i Ihre Predigt han?"

Das kam etwas überraschend. Wer will denn schon am frühen Montagmorgen die Predigt von gestern? „Wisse Sie, i' sitz immer ganz oben, weil die Konfirmanden in der ersten Bank so unruhig sind und mi' störe. Und außerdem muss i' während dem Gottesdienst immer eine oder zwei Tafel Schok'lad' esse. Wisse Sie, dann kann i' besser denke und mi' auf d' Predigt konzentriere."

Dieser Usus wurde nun jeden Montag gepflegt, und der eifrige Predigthörer kam nicht mit leeren Händen: Er brachte immer Schokolade mit. Das wurde dann so viel, dass ich mich wehren musste: „Ich kann doch nicht so viel Süßes essen!" – „Dann krieget Sie halt was anderes. Was wellet Sie? Joghurt vielleicht?" Ja, darauf konnte ich mich einlassen. Aber bald drohte ich in Joghurt zu ertrinken.

„Was dann? Vielleicht Obst?" Also gab es Mango und Papaya in Hülle und Fülle.

Der Schwabe lässt sich nichts schenken, selbst für eine Predigt will man sich erkenntlich zeigen: „Wisset Sie, Sie hen für die Predigt g'schafft und jeder Arbeiter ist seines Lohnes wert." So „bibelbeschlagen" war der gute Mann also. Und Schwabe noch dazu: „No nix schenke lasse, immer ebbes dagege schenke." Nur bei Gott bleibt es einseitig: „Dann mit neuem Singen ruf ich froh dir zu: Nichts hab' ich zu bringen, alles, Herr bist du!"

*Herr, du teilst reichlich aus.*

1. Timotheus 5,18 | Der „süße" Predigthörer | Den Dank nicht vergessen

## 61. Vom Opernsänger zum Evangeliumssänger

Franz Knies, der begnadete Evangeliumssänger im 20. Jahrhundert, schreibt in seiner Biografie: Ich war noch ein kleiner Bub von zehn Jahren, als in mir der Gedanke Fuß fasste, Sänger zu werden. Hatte mich doch damals mein Klassenlehrer schon „Nachtigall der Sexta" genannt. Auch alle meine Verwandten und der Freundeskreis meiner Eltern, Nachbarn und Mitschüler freuten sich über mein Singen mit der hellen, klaren Sopranstimme, die mir als Knabe eigen war.

Nach schweren Jahren und Kriegsverletzungen gab Franz Knies seinen ersten Beruf auf. Gott hatte deutlich in sein Leben hineingesprochen. So wurde „aus dem Beruf eine Berufung". Als „Evangeliumssänger" habe ich Franz Knies in meinem Heimatort kennengelernt.

Ein Gasthaus-Saal wurde gemietet, Handzettel wurden verteilt und die Leute kamen. Knies hatte ein Tonbandgerät dabei mit allen seinen Melodien und sang dazu. Ich war zwar noch Schüler, aber mich hatte er zu seinem „Mitarbeiter" gemacht. Heute würde man sagen, dass ich im Backstage für etwas Wesentliches verantwortlich war: Jeden Abend wollte Knies hinter dem Vorhang vor seinem Auftritt ein „tagesfrisches Hühnerei" austrinken; dies musste ich für ihn bereithalten. Das kräftigte ihm die Stimme und mir das Selbstbewusstsein.

Damit wurde ich Teilhaber an seinem Bekenntnis und dem wunderbaren Lied:

Sieh, das ist Gottes Lamm, es trägt voll Huld
dort an dem Kreuzesstamm aller Welt Schuld.

An einem Abend habe auch ich mein ganzes Leben in die Hand dieses Herrn gelegt, der für mich gestorben und auferstanden ist. Zwar kann ich nicht singen wie Franz Knies, aber ich kann doch glauben und verkündigen, was Jesus mir bedeutet.

*Herr, ich schaue dankbar auf dein Kreuz.*

Kolosser 3,16 | Ein tagesfrisches Ei | Singt dem Herrn ein neues Lied

## 62. Die Zuckerstange

Seit ihren Anfängen als Schnuller hat die Zuckerstange einen weiten Weg zurückgelegt. Es begann mit einer einfachen weißen Stange Zucker, die Eltern ihren Babys zum Lutschen gaben, wenn diese quengelig wurden. Heute verdrehen gute Eltern zwar die Augen, aber auf jedem Weihnachtsmarkt gehen ihnen die Augen auf: Da hängen sie, die süßen Übeltäter, in Reih und Glied – und sie werden gekauft.

In den 1670ern hatte ein deutscher Chorleiter eine Idee: Er bog die Stangen so, dass sie die Form eines „Hirtenstabs" bekamen. Am Eingang der Kirche erhielt jedes kleine Kind eine Zuckerstange für den Fall, dass es sein mangelndes Interesse am Krippenspiel vernehmlich zum Ausdruck bringen würde. Ein Zuckerhersteller im US-Bundesstaat Indiana verbesserte die Idee, indem er die Süßigkeit mit der wahren Bedeutung von Weihnachten verband: Zuerst fügte er einen großen roten Streifen hinzu, als Symbol für das Blut Jesu, das am Kreuz vergossen wurde.

Ein Konditor ergänzte ihn mit schmalen roten Streifen – sie sollten die Peitschenhiebe der Soldaten darstellen, die auf den Rücken Jesu niedergingen. Jesaja 53,5: Durch seine Striemen ist uns Heilung geworden. Die weiße Farbe erinnerte die

Kinder daran, dass Jesus ein sündloses Leben geführt hat. Die Härte des Zuckers drückt aus, dass Jesus der Fels unseres Heils ist (Psalm 18,3), und der Pfefferminzgeschmack erinnert an den Ysop – diese Pflanze brauchte man im Alten Testament beim Opfern (2. Mose 12,22).

Vor Weihnachten habe ich Zuckerstangen gekauft und mit einem Handzettel versehen. Die J-förmigen Stangen sollen die Gemeinde an die Hirten erinnern, die in der Heiligen Nacht als Erste erfuhren, dass der Retter der Welt geboren war. Das ist heute noch für alle eine „süße" Botschaft – nicht nur an Weihnachten.

*Herr, danke, dass du in unsere Welt gekommen bist.*

Lukas 2,8 | Weihnachts-Symbole | Süße Botschaft an alle

## 63. Haus der Barmherzigkeit

Eine meiner Aufgaben als Pfarrer war die Pflege der Partnerschaft mit der evangelischen Gemeinde in Poltawa in der Ukraine. Drei Mal war ich dort, um in dieser Gemeinde zu evangelisieren. Es trafen sich meist Menschen mit deutscher Abstammung. Nach und nach haben sie sich für den Glauben an Jesus Christus geöffnet.

Swetlana B. (* 1957) kam 1995 zum Glauben an Gott. Sie überließ ihre Wohnung in Poltawa ihrem ältesten Sohn und zog ins Dorf. In einem Häuschen eröffnete sie eine Zuflucht für Obdachlose, Alkoholiker, Aidskranke und Drogenabhängige; Gott ist ihre letzte Hoffnung. Zur Hausordnung gehören Morgen- und Abendgebet und dass die Bewohner das Wort Gottes kennenlernen und darüber nachdenken. Alkoholgenuss und Fluchen sind verboten. Sie arbeiten für ihren Unterhalt im Garten und in der Hühnerhaltung; geheizt wird mit Holz. Es gab kritische Situationen, weil einige Bewohner sich auflehnten und nicht arbeiten wollten. Lieber gingen sie wieder weg. Swetlana bekam Hilfe von Anatolij aus der lutherischen Gemeinde: Den ganzen Sommer hindurch kümmert er sich um seine Bienen, so dass sie jetzt ihren eigenen Honig haben. Swetlana wollte schon immer ein Altenheim und auch ein Kinderheim gründen. Das „Haus der

Barmherzigkeit" kümmert sich heute auch um Menschen, die wegen des Krieges ihr Zuhause verloren haben. Nur Gott und sein Wort können die geistlichen und körperlichen Wunden heilen. Nur Gott kann die harten Menschenherzen, die die Hölle auf Erden erlebt haben, wieder weich machen.

Ohne die verändernde Kraft des Evangeliums wäre das alles nicht möglich. Darum muss das Wort gesagt werden, es sei zur genehmen Zeit oder zur Unzeit. Es wird nicht leer zurückkommen.

*Herr, gib mir die Kraft, die Last des andern zu tragen.*

Jesaja 55,11 | Wort, das zur Tat wird | Jedem soll geholfen werden

## 64. Das Zehnerle fürs Negerle

Jörg geht sonntags zur Kinderstunde. Die Mutter gibt ihm immer zwei Groschen mit. Ein „Zehnerle" in der linken Hosentasche fürs „Negerle" und ein „Zehnerle" rechts für ein Eis auf dem Heimweg. Wie schön ist's, wenn die Groschen in der Hand klimpern – bis einer davon zwischen den Fingern hindurchrutscht und im Gully verschwindet! „Ach schade, Herr Jesus, dass ich ausgerechnet dein Zehnerle verloren habe." – In unserem Kindergarten, den Diakonissen geführt haben, stand das „Negerle" als Opferbehälter und nickte dankbar, wenn ein Groschen eingeworfen wurde. Für mich war das die erste Begegnung mit dem Thema „Mission".

Manchem Afrikaner unserer Zeit bleibt nichts anderes übrig, als seine Situation zu verändern, möglichst zu verbessern, aber wie? Die Felder waren in einem Jahr überschwemmt und die Flut hat allen Mutterboden fortgenommen. Im anderen Jahr war alles vertrocknet und die Aussaat im dritten Jahr wuchs nicht an.

Der Vater und der älteste Sohn gingen fort, weit fort. Ob sie noch am Leben sind? Wurden sie auf der Flüchtlingsroute ausgeraubt? Oder sind sie im Meer ertrunken? Erst haben sie sich noch gemeldet. Vielleicht hat ihnen ein Menschen-Schmuggler Handy und Ausweis abgenommen? Die Mutter versucht derweil mit ihren Kindern dem Boden etwas abzuringen und die Hütte sauber zu halten. Sie köchelt den Kleinsten etwas und badet sie. Und abends faltet sie mit ihnen die Hände.

Einen solchen asylsuchenden Jungen haben wir in unserer Familie aufgenommen. Andere haben wir in den Unterkünften besucht. In Omsk waren die Armen nicht schwarz, aber genauso schlecht dran. – Um das Geben zu lernen, reicht schon eine kleine Münze fürs „Negerle". Schön regelmäßig. So sah es religiöse Kindererziehung vor. War das falsch?

Um wirklich zu helfen, braucht es mehr als nur ein paar „Zehnerle". Das habe ich dann auch noch lernen müssen.

*Herr, du siehst, was ich getan habe.*

Matthäus 25,40 | Arme habt ihr allezeit bei euch | Gib mit reichen Händen

## 65. „Faschisten raus!"

Eigentlich hatte ich mich nie von dieser Parole angesprochen gefühlt. Aber seit unbekannte Täter uns diese Hassworte an unsere Christus-Kirche in Omsk geschmiert haben, weiß ich, dass auch ich gemeint bin – wir als Deutsche, wir als Christen.

Hass und Ausgrenzung beginnt oft mit Schmierereien und Parolen, erst harmlos, dann aber auch handgreiflich. Deshalb war unser russischer Hausmeister sehr erschrocken: „Wer tut denn so was?" Eigentlich weiß ja jeder, was Kirche und Diakonie wollen: die Frohe Botschaft von Gottes Liebe in Wort und Tat verkündigen. Wir waren doch dafür bekannt, dass wir den Armen halfen, Heime mit Hilfsgütern bedachten und aus der Diakoniestation keinen mit leeren Händen wegschickten. Für unsere Unterstützer und Beter haben wir dies regelmäßig in einem Freundesbrief von „Sibirjak" berichtet, aber freilich haben diese Gegner des Ganzen es nicht zu lesen bekommen.

Vor mir liegen die Sterbeurkunde eines 17-jährigen Mädchens und der handgeschriebene Brief ihrer leidgeprüften Mutter. Das Mädchen war gläubig; ein Fanatiker hatte sie ermordet. Er konnte sich ins Ausland absetzen, so blieb der Mord ungesühnt und die Familie wurde nicht entschädigt. Wir hoffen auf die Gerechtigkeit Gottes.

Olesja lebte bei ihren Eltern. Am frühen Morgen, sie schlief noch, drang der Täter in die Wohnung ein, übergoss sie und alles mit Benzin, zündete es an und öffnete beim Hinausgehen noch den Gashahn. Er hatte es wohl besonders auf die christlichen Bücher und Traktate abgesehen, die Olesja aus Deutschland bekam und verteilte.

Der Mörder war bekannt, aber die Polizei unternahm nichts. Wir wollen beten für die angefeindete Kirche in Sibirien, sie aber soll sich an das Wort aus Psalm 65,9b halten: „Morgen und Abend lässt du jauchzen" (nach der russischen Synodalen Übersetzung).

*Herr, wir vergeben unsern Schuldigern.*

Johannes 14,27 | Leiden um des Evangeliums willen | Tut Gutes an jedermann

## 66. Jesus ist Sieger!

In meiner Zeit als Gemeindehelfer in einer Stuttgarter Kirchengemeinde wurde ich gebeten, eine Frau zu besuchen. Sie hatte fürchterliche Tage und Nächte durchzustehen: Sie hörte Stimmen und wurde von fremden Händen geschüttelt. Die Einmachgläser fielen vom Schrank auf ihr Bett herab. In dieser Wohnung konnte sie nicht mehr bleiben, schon gar nicht allein. Was sollte ich machen?

Ich konnte ganz kurzfristig für sie ein Zimmer in einem christlichen Haus buchen mit der Zusage, dass sich täglich jemand seelsorgerlich um diese Frau kümmern würde. Ich habe sie mit dem Auto selbst dorthin gefahren. Als wir durch Möttlingen fuhren, habe ich ihr die Geschichte um Pfarrer Christoph Blumhardt erzählt und wie er seinem Gemeindeglied Gottliebin Dittus im Namen Jesu hat helfen können. Das hat meinen Fahrgast natürlich interessiert.

Es war ein jahrelanger Kampf gewesen, bis die okkult belastete Gottliebin Dittus endlich frei war. Bekannt geworden ist, dass ihr Pfarrer J. Chr. Blumhardt einen Slogan an die Hand gegeben hat: „Jesus ist Sieger! – Jesus ist Sieger! – Jesus ist Sieger!" Von 1841 bis 1843 dauerte der Kampf um die Befreiung und Heilung der Geplagten.

Meine Mitfahrerin fragte unvermittelt: „Kann ich auch so beten?" – „Ja, das können Sie. Wir können es gleich das erste Mal tun." So hielt ich am Waldrand an und sie und ich beteten: „Jesus ist Sieger!" Ich habe sie dann in dem Erholungsheim abgesetzt. Als die Gemeindeschwester sie nach ein paar Wochen nach Hause holte, war sie völlig frei. Sie konnte wieder in ihrer Wohnung sein ohne Furcht und ohne Probleme.

Eines Tages ließ sie mich rufen, da sie ihr Ende kommen sah, und bat mich: „Wenn Sie einmal heiraten, dann nehmen Sie nur eine Frau, die auch sagen kann: ‚Jesus ist Sieger!'" Das habe ich ihr versprochen – und mein Versprechen habe ich gehalten.

*Herr, dir ist alle Macht gegeben.*

1. Petrus 5,8 | Jesus macht völlig frei | Es ist in keinem andern Heil

## 67. „Da unten liegt eine!"

Zum Abschluss meiner Lehre als Fernmeldemonteur wohnte ich eine Zeitlang in einem Lehrlingsheim in Mannheim. Ziemlich bald war ich als „Frommer" bekannt geworden. Vor allem auch dadurch, dass ich kräftig zu einem „Feldzug für Christus" mit dem Janz-Team eingeladen habe. Auch als Helfer und Seelsorger arbeitete ich mit.

Eines Tages stand ich am Fenster meines Zimmers und las ganz in Gedanken versunken einen Brief. Vom Nachbarhaus rief mir jemand zu: „Da ist etwas passiert! Da liegt eine!" Ich musste aber ins Treppenhaus gehen, um das sehen zu können. Tatsächlich, da lag eine Frau in ihrem Blut auf dem Boden. Ich machte schnell Meldung im Büro und rannte hin zu dieser Frau. Sie hatte sich aus dem Fenster gestürzt. Der Schädel war geborsten und viel Blut lief um sie herum.

Der Notdienst kam und nahm die Frau mit, aber sie starb noch auf dem Weg ins Krankenhaus. Es war um die Mittagszeit. Viele Lehrlinge waren zum Mittagstisch gekommen.

Ich aber habe Wasser und einen Schrubber geholt, um das Blut usw. wegzuputzen und alles wieder sauber zu machen. Dann ging ich auch in den Speisesaal, aber die anderen Jungen wollten mich nicht am Tisch haben und ekelten sich. Also musste ich mein Mittagessen im Raum für die Mitarbeiter einnehmen.

Ab diesem Tag hörte ich keine Beleidigung mehr. Niemand verachtete mehr meinen Glauben. Alle bewunderten meinen Einsatz, der für mich aber nur selbstverständlich war. Gern hätte ich dieser Frau mehr helfen wollen, aber ich kam zu spät und es war zu viel Verletzung.

*Herr, sei auch dieser Seele gnädig.*

1. Timotheus 6,12 | Nicht zögern, helfen! | Jeder Mensch hat eine Grenze

## 68. Wildes Sibirien

Der Präsident der Synode der „Evangelisch-Lutherischen Kirche Ural, Sibirien und Ferner Osten" war auch Gemeindeleiter in Chabarowsk. Im wilden Sibirien. In seinem Beruf war er Chefarzt der Klinik für Kieferchirurgie. Er hat uns manche spannende Geschichte erzählt, und er hat gern etwas Schmackhaftes aus dem Fernen Osten mitgebracht. Mal war es Kaviar oder Lachs aus einem sibirischen Strom, mal ein Steak von einem Elch oder auch frische Wildbeeren oder Marmelade.

Einmal erzählte er, dass man einen Tiger gefangen hatte im Urwald des östlichen Sibiriens. Ein Prachtexemplar und ein Kämpfer: Er biss wild um sich, um seine Freiheit wiederzuerlangen. Dabei habe er sich im wahrsten Sinn des Wortes „die Zähne ausgebissen" – er hatte sich an den Stangen seines Käfigs festgebissen.

Aber die Wildhüter sind Tierfreunde, wie es auch der Stuttgarter Pfarrer Albert Knapp war, der 1837 Deutschlands ersten Tierschutzbund gründete. So kamen also die Sibirer zu dem Spezialisten für Kiefer und Zähne, ob er denn nicht dem armen Tier helfen könne. Der Tiger sei doch ein Fleischfresser; wenn er aber keine Reißzähne mehr hat, dann müsse er verhungern. Was sollte man machen?

Unser Gemeindeleiter fühlte dem Tier auf den Zahn und beschloss, ihm zwei Goldzähne einzusetzen. Gesagt, getan: Nach Betäubung und erfolgreicher Operation durfte der Tiger wieder in die Wildnis zurück. Wer dieses Tier in freier Wildbahn einmal erlegen wird, wird sicher staunen über die Goldzähne – und die darf er dann behalten.

Gott hat viel für seine Menschen übrig. Sogar seinen eigenen Sohn hat er als Mittler und Heiland eingesetzt. Gott hat auch viel für die übrige Kreatur übrig, darum kümmern wir uns um Tiere und die Umwelt. Die Welt soll uns daran als Christen erkennen, dass uns keine Not dieser Welt egal sein soll.

*Herr, du hilfst Menschen und Tieren.*

Psalm 36,7 | Pfarrer gründete Tierschutzbund | Kreatur ersehnt Erlösung

## 69. Bibelschule gründen

Als mein Leben durch den Glauben an Jesus Christus neu begonnen hatte, wollte ich ihm auch dienen. Wenn ich als Vierzehnjähriger durch unser Dorf ging, sah ich immer Kinder. Viele Kinder. Mir ging nur ein Gedanke durch den Kopf: „Die gehen alle verloren, wenn sie nicht Jesus haben!" Also habe ich sie eingeladen zu Jungscharstunden mit Spiel und Sport, Basteln und Spaß, Singen und Beten, Erzählen und Bibelarbeit.

Das sollte durch göttliche Berufung auch zu meinem Beruf werden. Noch viele Schritte waren nötig: Berufsabschluss, Zivildienst, Besuch des Predigerseminars in Bad Liebenzell und viele praktische Einsätze. Wir waren zu einem biblisch fundierten Dienst ausgebildet worden.

Als ich in späteren Jahren den wohl anstrengendsten Dienst als Pfarrer in Russland zu tun hatte, kam mir das bestens zur Hilfe. In meinem Amt als Bischof der lutherischen Kirche Sibiriens merkte ich bald, dass ganz dringend Prediger und Pastoren nötig waren. Die meisten der über 300 Gemeinden in dem weiten Raum waren nur Laien, also Prediger ohne theologische Ausbildung; sie leisteten aber Großartiges, vor allem in den schwierigen 70 Jahren der atheistischen Christenverfolgung.

Es gab zwar schon ein theologisches Seminar in der Nähe von Sankt Petersburg. Leider hatten nur wenige die Möglichkeit, diese Ausbildung zu absolvieren; in Sibirien brauchten wir aber dringend Gemeindeleiter, Männer und Frauen mit handfester Ausbildung auf biblischer Basis. Ich betete viel, bis ich eines Tages von Gott ein positives Zeichen bekam, ein Leitwort aus der Bibel: „Darum verlasst euch auf den Herrn immerdar; denn Gott der Herr ist ein Fels ewiglich" (Jesaja 26,4).

Aber sofort standen Gegner dieses Plans auf: Biblisch? Bibelschule? Geistliche Ausrichtung? Und so wurde alles abgelehnt und untersagt. Schweren Herzens habe ich das Vorhaben begraben, obwohl nichts nötiger gewesen wäre als das. Und das ist es heute noch!

*Herr, wenn du willst, dann geschieht es doch.*

Jesaja 26,4 | Bibelschule für Prediger | Lehre mich deine Gebote

## 70. Zum Abschied gezwungen

Den dicksten Brocken an Widerstand in der erneut erstandenen Kirche Sibiriens habe ich unter „Bibelschule gründen" beschrieben.

Nach der Zeit der Diktatur war die ganze Kirche zerstört und aufgelöst. Wir mussten wieder ganz vorne anfangen, einmal abgesehen von dem, was Gott doch im Verborgenen getan hatte: heimliche Gottesdienste, Bibeltreffen im Wald, Chorfeste als Evangelisation, Gemeindebesuche über Hunderte von Kilometern Entfernung, einigende Besuche durch die starken Brüder, verbotener Bibeldruck und illegale Literaturverbreitung durch von Hand abgeschriebene Bücher.

Nur ganz vorsichtig hat sich der Eiserne Vorhang gehoben; so konnten ab den 1970er Jahren die Deutschen in das Herkunftsland ihrer Vorfahren auswandern. Endlich! Und umgekehrt waren nun auch Besuche und Hilfslieferungen aus dem Westen möglich. Westliche Prediger und Pastoren konnten zu Diensten kommen, kurzzeitig oder für längere Zeit.

Auch ich habe damals Reisegruppen in die Sowjetunion geführt; später haben wir diese Reisen zu Missionswochen ausgeweitet. Schließlich wurden meine Frau und ich gefragt, ob wir nicht das Kirchenzentrum in Omsk leiten wollten. Mein Einverständnis zog die Aufgabe nach sich, Bischof der ganzen sibirischen Kirche zu sein.

Mit großer Freude ging ich ans Werk, aber sofort haben sich auch Gegner aufgemacht. Luther meinte einmal: „Wenn Gott eine Kirche baut, baut der Teufel eine Kapelle daneben." Unbegründete Gegnerschaft unter den Pastoren entstand und Neid kam auf bei denen, die schon früher da waren. Alles wurde theologisch begründet! Es kamen auch bösartige Gerüchte auf, nicht auszudenkende Verleumdungen. Das meiste hinter meinem Rücken. Gern hat man dem geglaubt, ohne die Wirklichkeit zu ergründen. So musste ich meine Koffer packen und wieder nach Hause ziehen. Ich trage keinem etwas nach, denn ich will sie alle im Himmel wiedersehen – aber verstehbar war es für mich nicht. Möge auch darin Gottes Wille geschehen sein.

*Herr, ich lasse mich weiter durch deinen Geist führen.*

Psalm 103,12 | Schuldigern vergeben | Die Wege des Herrn sind gut

## 71. Der heilige Valentin

In der Kathedrale von Almeria (Andalusien/Spanien) stehen der Valentins-Altar und der Sarkophag des heiligen Valentin (um 175–268 n. Chr.). – Was hab' denn ich mit einem Heiligen zu schaffen? Nun, es ist weniger die Nähe zu dem Heiligen als die zu Almeria. Nicht weit davon liegt der Ort Roquetas de Mar, dort wurde in den 1980er-Jahren eine FEG (Freie Evangelische Gemeinde) gegründet. Man behilft sich mit ehrenamtlichen Predigern oder Pastoren im Ruhestand. Einer davon sollte ich werden.

Valentin von Terni ging in die Annalen der römischen Kirche ein. Er war Bischof von Terni, 80 km nördlich von Rom, und wird heutzutage als Patron der Liebenden verehrt. Als bewährter Heiliger kann er auch den Christen heute ein Vorbild sein, nicht nur am Valentinstag.

Kaiser Claudius II. Germanicus (214–270 n. Chr.) führte blutige Feldzüge aus. Er glaubte, dass unverheiratete Männer besser kämpften als verheiratete Soldaten, weil letztere sich zu viele Sorgen machten um ihre Frauen und Familien, falls sie im Kampf fielen. Deshalb verbot er in Rom Verlobung und Ehe. Der Priester Valentin widersetzte sich dem und wurde dafür enthauptet, am 14. Februar 270 n. Chr. Wie mutig!

In zwei Punkten hat er meine ganze Sympathie gewonnen. Erstens wollte er Ehe und Familie schützen, was keinesfalls selbstverständlich ist. Damals wie heute muss man „Gedenktage für Liebende, für Ehe und Familie" einrichten und pflegen. Und Valentin wollte, zweitens, den „Liebenden und Verheirateten" den Kriegsdienst ersparen.

Neben der Evangeliums-Verkündigung in Roquetas de Mar ist mir beides ein Anliegen: Ehen zwischen Mann und Frau zu schließen und zu erhalten und sich möglichst an keinem Streit oder gar Krieg zu beteiligen. Auch Streitigkeiten in einer Gemeinde stehen uns nicht gut an. Was würde sonst der heilige Valentin dazu sagen?

*Herr, fülle mich mit deiner Liebe.*

---

1. Korinther 13,13 | Haltet fest an der Liebe | Liebet eure Feinde

## 72. Gelähmt bis zum Hals

An einem Freitag im September um 11 Uhr kam ohne Anmeldung, wie dies in Russland üblich ist, ein junger Prediger aus dem Gebiet Tjumen zu uns ins Kirchenzentrum Omsk. Er hatte, wie alle unsere Gemeinden, ein Rundschreiben erhalten, dass wir aus Deutschland Hilfsgelder bekommen können, wenn wir entsprechende Anträge stellen: „Wo die Not am größten!"

Er hatte eine Gemeinde von nur noch acht Babuschkas („Großmütter", alte Frauen); die Männer und Brüder waren alle gestorben oder ausgewandert. Aber sieben Jahre zuvor sei ein junger Mann zum Glauben an Jesus Christus gekommen. Leider sei dieser schwerstbehindert, gelähmt bis zum Hals, und wiege nur noch vierzig Kilogramm. Aber im Kopf sei er ganz klar. Ob wir ihm vielleicht helfen könnten?

Unsere Mitarbeiterinnen der Diakoniestation machten sich sogleich auf die Suche – aber weder in der Stadt noch im Kreis gab es einen Rollstuhl zu kaufen, in den Geschäften waren alle medizinisch-technischen Geräte ausverkauft. Wir bekamen aber ein Dutzend Telefonnummern von Familien, die einen gebrauchten Rollstuhl übrig hatten und verkaufen wollten. Sofort hängten wir uns ans Telefon. Mit Erfolg!

Wir konnten einen passenden Rollstuhl besorgen und dank der Spenden aus Deutschland bezahlen. Jetzt konnte der Prediger seinen behinderten Freund im Auto mit auf die Dörfer nehmen und ihn auf die Kanzel tragen – denn der hat auch gepredigt und von seinem Glauben Zeugnis abgelegt. Das erfüllte beide mit großer Freude und die Gemeinden auch. Und nun hiermit einen großen Dank an alle, die die Arbeit der Kirche in Sibirien unterstützen!

*Herr, segne den Prediger und seinen behinderten Helfer und alle diejenigen, die uns die Mittel gegeben haben, dass wir helfen konnten.*

Sprüche 19,17 | Wo die Not am größten | Jesus half Gelähmten

## 73. Stille Zeit

Bei uns zu Hause ging es eng zu, finanziell und auch räumlich. Ich hatte noch vier Schwestern, aber ich war der Älteste. Nur ich hatte ein paar Privilegien, zum Beispiel ein eigenes Zimmer. Das kam meinem jungen Glauben sehr entgegen: Ich konnte singen, so viel ich wollte. Ich konnte kommen und gehen, wie ich wollte. Ich konnte beten, tags oder nachts. Eigentlich hat es niemanden gestört – aber meine kleine Schwester fand es interessant, an meiner Zimmertür zu lauschen, wenn ich betete.

Das hätte mir nichts ausgemacht; aber sie hat es gern weitererzählt: für wen ich betete und was ich betete. Und das ging sie überhaupt nichts an, schließlich habe ich mit Gott gesprochen und das ist immer sehr intim und ganz persönlich! Auf einen Streit wollte ich es aber nicht ankommen lassen; so blieb mir nichts anderes übrig, als nachts draußen auf den Feldern zu beten, oder wenn ich am Rhein entlangging: Da wusste ich mich allein mit meinem Gott. Ich hatte ja genügend biblische Vorbilder, die nachts beteten und draußen und unter dem Sternenhimmel.

Knien war die grundsätzliche Haltung, denn wenn man vor Gott steht, kann man nur niederfallen und ihn anbeten. Im Gehen, das ging auch noch – dann bewegt sich beim Beten nicht nur der Geist, sondern auch der Körper. Laut beten hat den Vorteil, dass mehr eigene Sinne angesprochen werden: Ich bete, was ich denke. Ich höre, was ich bete. Ich kontrolliere, was ich spreche. Ich korrigiere mich, wenn ich bedenke, was ich gebetet habe.

Beten braucht Zeit. Das kann man nicht im Vorbeihuschen erledigen. Ich suche das Ohr meines Gottes und gleichzeitig neige ich mein Ohr ihm zu, denn Beten ist Reden mit Gott und Hören. Er hat mir viel zu sagen. Darum war ich immer zufrieden, wenn ich allein war und beten konnte; das geht mir heute noch so. Man kann im Gebet wachsen und reifen. Sollte mein Gebet schwach werden, dann kann ich immer noch einen Mitbeter suchen, denn zu zweit betet es sich besser.

*Herr, vor dir werde alle Welt stille.*

Matthäus 6,6 | Gott hört und erhört | Ich horche und gehorche

## 74. ETB – Evangeliums-Team für Brasilien

Im Jahr 1973 waren wir mit einer kleinen Mitarbeitergruppe bei einer Schulung von Billy Graham in London: SPREE '73. Nicht zufällig, aber doch überraschend traf ich einen Jugendfreund aus unserer badischen Heimat. Er hatte gerade seine Ausbildung hinter sich und war Kandidat für die Mission. Zusammen mit einem Deutsch-Brasilianer wollte er ein „Evangelisations-Team in Brasilien" (ETB) gründen und suchte noch Unterstützer. „Wenn du willst, kannst du zur Vereins-Gründung kommen!" Ich sagte halbwegs zu, wie man das eben so tut.

Dann kam der Termin, aber leider hatte ich für diesen Montag bereits eine Kirchengemeinderats-Sitzung anberaumt. Schade – aber wenn Gott es gewollt hätte, hätte er das anders einrichten müssen, und so sagte ich ab. Dann kam der Tag näher und am Sonntag davor mussten einige Kirchengemeinderäte absagen, so dass wir nicht stimmfähig gewesen wären. Ich sagte zu meiner Frau: „So, jetzt weiß ich, was ich morgen, am 10. September 1973, zu tun habe: Ich fahre nach Würm."

Dort trafen wir uns in einem Freizeitheim, alles Freunde des Missionars Werner Gier. Wir nahmen uns Zeit, die Bibel zu lesen und hinzuhören, was in unserem speziellen Fall der Wille Gottes sein könnte. Nach der Mittagspause sahen wir schon etwas klarer und beschlossen, im Namen Jesu einen Verein zu gründen: „Evangeliums-Team für Brasilien e.V." Wir wollten unter den Deutschen im Süden Brasiliens evangelisieren, die Pastoren schulen und bestehende deutsche Gemeinden medizinisch und sozial unterstützen. Gier und seine Frau waren dazu vorgebildet.

1976 reiste ich als zweiter Vorsitzender des ETB, zusammen mit einem Ehepaar, schließlich nach Ijuí, um ein Freizeitheim zu bauen, eine Woche auf einer deutschen Kolonie zu missionieren und noch ein bisschen das Land zu sehen. Die Arbeit des ETB ist inzwischen auf drei Stationen angewachsen: Ijuí, Dourados und Alta Floresta.

*Herr, setze die Mitarbeiter des ETB für viele zum Segen.*

Offenbarung 3,8 | Evangeliums-Team für Brasilien | Komm und hilf uns

## 75. Spannende Geschichten

Mit Bibelschülern und Theologiestudenten aus Deutschland machten wir im Sommer Einsätze auf den sibirischen Dörfern. Zuerst haben wir die Kinder eingeladen, aber dann erreichten wir auch ihre Eltern und nicht selten die Familien und die Nachbarn und das halbe Dorf. Bei solchen Veranstaltungen für alle sahen wir neue Gesichter. Darunter war einmal eine Mutter; ihren Sohn kannten wir schon von der Kinderstunde.

Mit der Hilfe von Dolmetschern konnten wir mit den Leuten ins Gespräch kommen. Eine Übersetzerin und ich wandten uns an eine Frau, die einfach nach dem Abend sitzen geblieben war. Wir fragten nach ihrem Anliegen. „Ich möchte gläubig werden", war die verblüffende Antwort. Als wir sie fragten, wie sie zu diesem Entschluss gekommen sei, sagte sie, ihr Sohn habe sie auf die Kinderbibel hingewiesen, die er am Nachmittag geschenkt bekommen hatte: „Mama, du musst unbedingt die spannenden Geschichten in diesem Buch lesen."

Wusste diese Frau, was es bedeutet, gläubig zu werden? Wir erklärten ihr noch einmal in aller Kürze das Evangelium. Sie war mit allem einverstanden. Sie wollte Jesus in ihr Leben aufnehmen. Also gingen wir in ein separates Zimmer; dort haben wir mit ihr zusammen ein Gebet der Lebensübergabe an Jesus gesprochen und um den Segen Gottes für sie und ihre Familie gebetet. Welch ein Wunder!

Am folgenden Tag haben wir sie noch einmal getroffen und mit ihr besprochen, in welche Gemeinde sie gehen kann. Aus dem Nichts heraus hat Gott auf wunderbare Weise eine Tür geöffnet und es gewirkt, dass ein Mensch zurückkommen konnte zum himmlischen Vater. Unser Gott ist ein großer Gott, er kann weit über unser Bitten und Verstehen hinaus tun. Das tut er heute immer noch: jeden Sommer auf Kinderlagern, im Frühjahr auf Frauenfreizeiten oder im Herbst auf Männerseminaren. Es sind keine Grenzen gesetzt – außer unserer Trägheit.

*Herr, mache mich zum Licht und Salz dieser Welt.*

Apostelgeschichte 16,31 | Geht hin in alle Welt | Ich rufe dich mit Namen

## 76. Papua-Neuguinea

Im Jahr 1987 reisten meine Frau und ich in mein Wunschland PNG –Papua-Neuguinea. Dort wollte ich früher gern Missionar sein mitten unter den Steinzeitmenschen. Das hat leider nicht geklappt; aber wenigstens für eine Stippvisite hat es gereicht. „Der Mensch denkt und Gott lenkt." Wir kannten einige Missionare dort und wollten sie besuchen. Sie freuten sich und waren sehr gastfrei. Vielen Dank!

Mit ein paar kleinen Diensten konnten wir uns auch nützlich machen. Es war für mich eine echte Herausforderung, den eingeborenen Braunen von Jesus zu erzählen, was Missionare ständig tun müssen. Ein Beispiel:

Ich wollte über das Wort aus 1. Petrus 5,8 sprechen: Euer Widersacher, der Teufel, geht umher wie ein brüllender Löwe und sucht, welchen er verschlinge. Im Hinterkopf hatte ich das anschauliche Beispiel, das ich einmal von Wilhelm Busch gehört hatte. Nur war es aus dem falschen Land: In Afrika jagen Löwen Zebras. Diese haben eine besondere Verteidigungsstrategie entwickelt: Wenn der Löwe brüllt und sich dann an die Zebra-Herde heranschleicht, dann sammeln sich die Streifentiere zu einem Pulk. In die Mitte kommen die Alten und die Jungtiere. Alle strampeln nun mit den Hinterläufen nach außen. Kein Löwe traut sich in diese gefährliche Zone! Aber auch die Löwen haben sich eine Methode einfallen lassen: Sie umkreisen die scheinbar sichere Herde und brüllen mal auf dieser Seite, mal auf der anderen, und zwar ganz unberechenbar, abwechselnd, überraschend. Wer in der Herde bleibt, ist sicher. Wenn aber ein Tier doch die Nerven verliert und davonläuft, dann wird es zum Opfer.

Das Problem: In PNG weiß keiner, was ein Löwe ist. Die gibt es nur in Afrika. Es weiß auch keiner, was ein Zebra ist, auch die leben nicht in Papua-Neuguinea. So war ich mit meinem Latein am Ende. Zu meiner Frau sagte ich: „Komm, wir gehen wieder heim, ich kann mich hier nicht verständlich machen!" Die Missionare, können die es?

*Herr, berufe du tüchtige Missionare.*


Jeremia 1,9 | |Kulturprobleme | Nehmt euch in Acht vor dem Feind

## 77. Im Flugzeug

Im Flugzeug saß eine Reihe vor mir ein Junge mit seiner Mutter. Er saß natürlich am Fenster und begeisterte sich beim Start: „Schau, Mama, wie die Leute klein sind. Die Autos und Häuser werden immer kleiner. Schau, Mama!" Sicher flog er zum ersten Mal. Bald wurde er müde und schlief ein.

Aber die ganze Situation hat mich lange beschäftigt. Sieht Gott uns nicht auch so klein und winzig? Können wir ihm dann etwas bedeuten, wenn wir so klein sind in seinen Augen?

Aber Gottes Auge sieht. Er sieht dich und mich. Er sieht den Kleinsten und den Größten. Für was hält uns Gott, wenn wir doch so mickrig sind? Wir selber halten ja viel von uns. Jeder hält von sich am meisten.

Zu meinem Enkel, er war damals im Kindergarten, sagte ich einmal: „Komm mal her, mein Kleiner!" Der konterte spontan: „Ich bin kein Kleiner, ich bin ein Großer!" Jetzt wusste ich es – und ich habe es mir hinter die Ohren geschrieben.

Könnten wir es nicht auch mit den großen Sorgen unseres Alltags so machen: Sie einfach aus der Ferne betrachten und mit Abstand sehen? Da könnten sogar die größten Probleme selber Probleme bekommen: Sie sind gar nicht so groß, sie scheinen nur so.

Für uns kleine Menschen mit unseren ach so großen Sorgen hatte Gott eine Lösung: Er sandte seinen Sohn. Zwar nur als ein kleines Baby, aber mit einem großen Auftrag. Für seinen Gehorsam bekam er von seinem Vater im Himmel den schönsten Platz an dessen Seite, die höchste Ehre im Himmel und auf Erden, das bedeutendste Geschenk, nämlich alles Geschaffene und alles Ewige. Und das teilt er mit uns! Sind wir nicht reich?

*Herr, lass mich im Kleinen das Große und im Großen das Kleine sehen.*

Philipper 2,9–11 | Gottes Auge sieht | Probleme richtig sehen

## 78. „Da müssen Sie mal mit hin!"

Die Frauen aus der deutschen Gemeinde in Omsk machten regelmäßig Hausbesuche bei alten und bedürftigen Gemeindegliedern – eine Woche bei den Deutschsprachigen, eine Woche bei den Russischsprachigen. Einmal kamen sie sehr aufgeregt zurück: „Bruder Sailer, da müssen Sie mal mitgehen!" Nun, das ließ sich bald einrichten. – Nach langer Fahrt kamen wir auf einem Dorf an einem Holzhaus an. Im Wohnzimmer stand ein überbreites Bett, darauf eine alte Frau. Man sah gleich, dass sie nicht gehen konnte; sie hatte von klein auf verkrüppelte Beine. Ihr ganzes Leben hat sie „auf dem Bett zugebracht". Dabei war sie verheiratet gewesen und hatte vier Kinder großgezogen. Drei Töchter wurden sogar Ärztin. Wie passte das alles zusammen?

Plötzlich griff die alte Mutter nach hinten unter ihre Decke und brachte eine Plastiktüte hervor: „Das ist mein ganzer Halt!" Es waren ein von Hand abgeschriebenes Wolga-Gesangbuch und ein „Starck'sches Handbuch". Ich kannte es, meine Großeltern hatten 1912 zur Hochzeit ein solches Andachts- und Gebetbuch geschenkt bekommen. „Wenn ich das nicht gehabt hätte, ich hätte das alles nicht durchstehen können: an beiden Beinen gelähmt, Deportation von der Wolga nach Sibirien, die Schwierigkeiten hier, die Kinder und nun das Alter. Gottes Wort hat mich getragen."

Ich wollte ihr gern dieses alte, zerflatterte und offenbar zerlesene Buch abnehmen. „Nein, das gebe ich nicht her!" Ich habe angeboten: „Ich bringe Ihnen dieses Buch ganz neu, da fehlen dann keine Seiten mehr!" Das traute sie mir wahrscheinlich nicht zu. Aber ich habe es wahr gemacht: Von meiner nächsten Deutschlandreise brachte ich ihr ein neues „Gebetbuch von J. F. Starck" mit. Da staunte sie und war nun bereit, mir das alte Handbuch zu überreichen. Ich bin mir nicht schlüssig, welches der beiden Bücher das wertvollere ist. Meinen Konfirmanden zeigte ich das zerlesene Buch gern: „So muss einmal eure Bibel aussehen – gelesen und geschätzt!"

*Herr, dein Wort ist meines Fußes Leuchte.*

Psalm 119,92 | Mit der Bibel durch dick und dünn | Gottes Wort vergeht nicht

## 79. Lebensretter

Mit den Buben unserer Jungschar gingen wir öfters in den Kiesgruben baden. Die Betreiber haben es nicht gern gesehen und viele Eltern auch nicht, aber darüber machten wir uns nur wenig Gedanken. Einmal war einer schon seine Runden geschwommen und wollte wieder aus dem Wasser steigen – und da passierte es: Der Kies am Rand gab nach und ergoss sich über den Fuß. Das kannten wir; wenn man nicht rechtzeitig den Fuß anhob, wurde man unter die losgelösten Kiesmassen gezogen. Ich konnte diesen Jungen noch rechtzeitig erreichen und befreien.

Am Hamberger See im Gebiet Stromberg-Heuchelberg lauerte eine andere Gefahr: Der Rand des idyllischen Waldsees war glitschig. Ein befreundeter Junge, der nicht schwimmen konnte, ging am Rand entlang – bis er ausrutschte und ins Wasser fiel. Nirgends fand er Halt. Ich sah es vom Bootssteg aus und konnte ihn noch rechtzeitig herausziehen.

Derselbe See. Wieder waren wir mit einer Gruppe dort. Die meisten konnten schwimmen, nur einer nicht, er behalf sich mit einem aufgeblasenen Autoreifen. Erst fuhr er bequem im See herum, dann stieg er aus und wollte von außen den Reifen packen, aber der war zu groß für ihn: Immer, wenn er mit der Hand den schwarzen Schlauch berührte, stieß er ihn weiter von sich. An ein Übergreifen und den Schlauch Umfassen war nicht zu denken! Ich sah es und schwamm zu ihm hin. Er war schon untergegangen. In seiner Todesangst packte er mich am Hals. Ich schlug ihm so lange ins Gesicht, bis er von mir abließ. Dann drehte ich ihn um, packte ihn entschlossen von hinten mit dem Rettungsgriff und zog ihn an Land.

Ich war nie stolz auf meine Leistungen, aber ich war glücklich. Keinen hätte ich verlieren und vermissen wollen. Nichts war selbstverständlich; und weil wir gläubige junge Menschen waren, haben wir auch dem treuen Herrn gedankt. Er hatte mit den dreien noch etwas vor. Gott sei Dank!

*Herr, für jede Bewahrung sei dir Lob und Dank.*

Psalm 39,6 | Nichtschwimmer | Sein Auge wacht

## 80. Grabsteine können lügen

Die Friedhofskultur hat sich ganz stark gewandelt. Während man früher Platzprobleme hatte, hat man heute im Gegenteil viel ausgewiesenen Platz übrig, weil die Verbrennungen zugenommen haben und die anonymen Beisetzungen in Grabfeldern oder Friedwäldern Platz und Pflege sparen.

Grabsteine können die Unwahrheit sagen. Zum Beispiel war die Aufschrift am Stein meines Großvaters falsch. Es war zwar nur ein Zahlendreher, aber immerhin wurde er um Jahre jünger gemacht, statt 1889 sei er 1898 geboren. Ich habe bald den Fehler bemerkt und die Familie und den Steinmetz darauf aufmerksam gemacht, aber geändert hat keiner etwas. Inzwischen ist das Grab aufgelöst.

Ein guter Freund von mir starb im Beisein seiner ganzen Familie, im Arm seiner Frau liegend. „Ich weiß, wo ich hingehe, und ich bin bereit." Wenn das keine Glaubensgewissheit ist! So stirbt sich's wohl. Das wäre eine schöne Inschrift: Geborgen im Arm der Frau und in Gottes Armen.

Aber so etwas schreibt man nicht. Wenigstens der Name und die beiden Jahreszahlen, Geburtstag und Todesdatum – und der Gedankenstrich dazwischen steht für das ganze Leben. Manchmal sagt ein Stein laut und deutlich, was einer geglaubt hat: „Gewesen – gestorben – vergessen". Ach wie arm doch!

„In Gottes Frieden ruht ..." – das sagt viel aus über das gewesene Leben, aber auch über das ewige. Die Grabesruhe bleibt bis zur Auferstehung; doch dann wird es wieder laut und turbulent, wenn die Grabplatten sich heben, die Steine kippen und die Ersten auferstehen werden. Dann wird ein Jubel sein, wenn Jesus kommt und das neue Kleid austeilt und zur himmlischen Wohnung führt. Die Gläubigen „first", zuerst, die andern später. Auch für sie ist ein Platz bereitet. Keiner bleibt zurück. Jeder bekommt, was er geglaubt und wie er danach gehandelt hat.

*Herr, ich möchte dabei sein, wenn du kommst.*


Offenbarung 21,6 | Jesus gibt ewiges Leben | Gott ist die Liebe

**81. Sieben Fragen aus der Bibel**

Frage 1:
**Wo bist du, Adam?**
1. Mose 3,9

Frage 2:
**Wo ist dein Bruder Abel?**
1. Mose 4,9

Frage 3:
**Wo ist euer Glaube?**
Lukas 8,25

Frage 4:
**Wer ist der?**
Lukas 8,25

Frage 5:
**Mein Gott, warum hast du mich verlassen?**
Psalm 22,2 / Matth. 27,46

Frage 6:
**Wer sind diese und woher kommen sie?**
Offenbarung 7,13

Frage 7:
**Wollt ihr auch weggehen?**
Johannes 6,69

*Herr, wenn du mich fragst ...*

Hiob 9,3 | Vergib mir die verborgenen Fehler | Bewahre Mund und Lippen

## 82. Aus dem Tod gerettet

Mit unserer Jugendgruppe wollten wir eine Winterfreizeit machen. Das musste vorbereitet werden, also fuhr ich bereits am 10. Dezember 1965 nach Schernbach im Schwarzwald. Einen Jungen aus der Gruppe, ich nenne ihn hier Felix, nahm ich mit. Gerade angekommen, wollte er mit den anderen Kindern vom Landhaus Schlitten fahren. Okay!

Einer plötzlichen Eingebung folgend ging ich auf die Piste. „Halt, es ist etwas passiert!" Sie brachten meinen Schützling auf dem Schlitten nach oben. Er war frontal auf einen Wegstein gefahren. Jetzt aber rasch ins Krankenhaus! Bis tief in die Nacht hat man operiert und nur feststellen können: „Das wird er nicht überleben." Aus diesem Grund hat man ihn zum Sterben ins Badezimmer gefahren.

Ich saß dann auf dem Badewannenrand und betete für ihn und hoffte, dass Gott ein Wunder bewirken würde. Eine volle Woche saß ich da. Man hat mich zwar versorgt, meine Sorgen mir aber nicht abnehmen können. Zu Hause traf man sich täglich zu Gebetsgemeinschaften.

Nach dieser Woche gab der Chefarzt in Freudenstadt Entwarnung: „Sie haben recht gehabt. Jetzt hat er es überstanden." Der Oberarzt zeigte auf eine Spruchkarte an der Wand: „Wunder!", geht weg und weint. Auch der Stationsarzt. Es gab keine Erklärung dafür. Aber ich wusste, was geschehen war: Ich hatte nach Jakobus 5,15 dem Kranken die Hand aufgelegt und im Namen Jesu gebetet – und direkt nach dem Amen schlug der Junge seine Augen auf. Der bereits ausgefüllte Totenschein hatte sich damit erübrigt.

Am Samstag wurde Felix in ein Krankenzimmer verlegt und am Montag fuhr ich endlich nach Hause. Felix noch nicht, aber nach acht Wochen durfte auch er heim. Damals habe ich Gott versprochen, dass ich ihm dienen möchte, wenn der Junge ganz gesund würde. Gott hat sich darauf eingelassen – und ich ging meinen Weg in die Ausbildung und zum vollzeitlichen Dienst.

*Herr, bei dir ist kein Ding unmöglich! Halleluja!*

Jakobus 5,15 | Schlittenunfall | Dem Herrn gelobt

## 83. Wie man sich bekehrt

Mit zwölf Jahren habe ich mich bekehrt. Ein Jahr später stand ich bereits auf der Bühne beim Kindermissionsfest in Bad Liebenzell. Das kam so:
Aus dem Liebenzeller Gemeinschaftsbezirk Hardt fuhr jedes Jahr zwei Tage vor Pfingsten ein Bus zum Kindermissionsfest. Wir Schüler bekamen schulfrei, denn das war zu jener Zeit ein höchst kulturelles Ereignis; es zieht heute noch tausende Kinder an. Zwar berichten heute auch die Medien viel über die Welt, aber so aktuell dann doch nicht; das Besondere ist: Missionare kommen und gehen, und von ihrem Dienst im In- und Ausland berichten sie aktuell, frischer geht es gar nicht!
Als ich das erste Mal zum Kindermissionsfest mitfahren durfte, suchte unsere Gemeinschaftsschwester einen Jungen, der dem Chinamissionar Hermann Becker als Anschauungsbeispiel dienen sollte. Ich sollte zuerst mein Jackett umgekehrt anziehen, also mit dem Futter nach außen, und mich hinter dem Rednerpult verstecken. Becker erzählte den hunderten Kindern von China und wie er dort seine Predigt anschaulich gemacht habe – und ein solches Beispiel sollte ich vorführen. Die Kinder haben mich ausgelacht, weil ich meine Jacke verkehrtherum anhatte. Bekehrung hieß: den Sakko ausziehen, ihn auf die rechte Seite wenden und so wieder

stolz und ordentlich zu sein. Für meine „Umkehr" oder „Bekehrung" bekam ich den Applaus von allen. Es werden hoffentlich viele verstanden haben, wie das mit der Bekehrung gemeint war.

Jeder Mensch, wenn er sein Leben innerlich falschherum geknöpft hat, muss seine Jacke ausziehen, umdrehen und richtigherum anziehen. Das ist Bekehrung: „Wendet euch zu mir, sprich Gott der Herr." Wendet das Futter nach innen und die richtige Seite nach außen. Der Herr will, dass du dich richtest, dass du umkehrst, dass du deinem Schöpfer Ehre machst. Die Chinesen haben dieses Gleichnis gut verstanden – und du?

*Herr, vor dir will ich mein Gewand recht tragen.*

Markus 1,14 | Verkehrte Jacke | Immer korrekt

## 84. Missionare kennenlernen

In meiner Schulzeit gab es eine Aktion eines Margarine-Herstellers, der mit Punkten beim Kauf uns Kinder geangelt hat. Die Punkte konnte man gegen Tierbilder eintauschen und ein Album erwerben, um die Bilder einzukleben. Ich war ganz vernarrt darauf. Die meisten Tierbilder waren Fotos aus Afrika: Elefanten, Krokodile, Löwen, Gorillas und Schlangen. Dazu waren Geschichten geschrieben, was die Tiere mit den Schwarzen gemacht haben, zum Beispiel, dass der Biss der Schwarzen Mamba zum Tode führt. Und umgekehrt: was die Menschen mit den Tieren anfangen, dass sie zum Beispiel Elefanten töten, um an das Elfenbein zu kommen.

In meinen Träumen und Phantasien schwankte ich zwischen dem Schutz der Tiere und dem Schutz der Menschen hin und her, und meine Sympathien für die dunkelhäutigen Afrikaner gewannen Oberhand. Mich rührten die kleinen Pygmäen oder Buschmänner, die man entdeckt hatte. Ausgerechnet in der gleichen Gegend Afrikas leben aber auch die Bantu, die durch ihre Körpergröße herausstechen. Seltsam.

Aber dann wurde mein Denken immer mehr in die Richtung von Mission gelenkt. Damit wurde mir klar, dass ein Mensch, wenn er nicht wirklich an

Jesus Christus glaubt, ewig verloren geht. Das will Gott nicht; also fing ich an, für diese Menschen zu beten, vergaß aber auch meine nächste Umgebung nicht. In jener Zeit habe ich regelmäßig die „Missionsglocke" ausgetragen, die Kinderzeitschrift der Liebenzeller Mission, und schließlich traf ich auch deren Missionare. So gewann mein Blick einen weiteren Horizont. Ich betete für die Missionare mit Namen; mit der Zeit wusste ich alle Namen der Missionare, der Eltern und ihrer Kinder.

Später interessierten mich die Asylanten, die nach Europa gekommen, aber noch lange nicht hier zu Hause sind. Über Jahre sind sie von ihren Familien getrennt, es sei denn, sie dürfen ihre Lieben nachholen. Wir sehen vielleicht über diese Not hinweg, aber „der Herr behütet die Fremdlinge und erhält Waisen und Witwen", sagt Psalm 146,9.

*Herr, du vergisst auch die Ärmsten nicht.*

Psalm 146,9 | Blick über den Tellerrand | Der Armut entkommen

## 85. Iljas neue Schuhe

Eines Morgens tauchten bei uns im Kirchenzentrum zwei Jungen auf, beide ca. 12 Jahre alt und zueinander Cousins. Später kam noch die 21-jährige Schwester des einen dazu. Ilja und sie saßen auf der Straße. Ihr Haus war abgebrannt, zusammen mit den betrunkenen Eltern. Wo sollten sie nun hin? Die Tante hielt sie am ausgestreckten Arm, denn ihr eigener Ilja machte ihr genug zu schaffen.

Nachdem wir den dreien etwas zu essen gegeben hatten, wollten sie mir ihr Domizil zeigen. Dazu mussten wir auf dem Omsker Bahnhof unter den Augen vieler Reisender über alle Gleise steigen. Auf der Rückseite der Anlage standen ausgediente Lokomotiven. Ilja stieg hinauf: „Seid leise. Die sehen uns und sie schießen scharf!" Tatsächlich – immer wieder pfiff ein Geschoss an unseren Ohren vorbei und prallte an den Zügen ab. Erst viel später habe ich realisiert, in welcher Gefahr für Leib und Leben wir waren.

Von den beiden Jungen blieb uns nur einer treu; der Cousin und die Schwester verdufteten auf Nimmerwiedersehen. Da „unser" Ilja völlig abgelatschte Schuhe anhatte, schickte ich ihn mit unserem Vikar auf den nahen Markt. Strahlend kam er zurück, in der Kirche lief er zwischen den Bänken hin und her, stolz auf seine neuen Schuhe. Erst nach acht Tagen kam er wieder, aber die schönen neuen Schuhe hingen nur noch in Fetzen an seinen Füßen: Wasser, Schlamm und Müll hatten ihnen zugesetzt. Ein Straßenkind eben.

Immer wieder besuchte er mich in der Kirche, obwohl ich mit ihm nicht reden konnte. Die Sprache trennte uns; aber in meiner Küche fühlte er sich wohl: Da bekam er etwas zu essen. Da durfte er ausschneiden und malen. Im Keller durfte er sich ein Boot basteln und so weiter. Dann tauchte auch er wieder ab, so unerwartet, wie er gekommen war. Ich kann nur hoffen, dass all die kleinen Zeichen der Liebe bei ihm nicht vergebens waren. Möge Gott ihm ein Leben in Geborgenheit und Liebe schenken.

*Herr, du kennst den Weg der Straßenkinder.*

Johannes 7,38 | Liebe geht durch den Magen | Gutes tun ohne Ende

## 86. Wohlfahrtsmarken

Briefmarken-Sammeln ist für manche Sport, andere wollen damit eher Gewinn machen. Briefmarken sind schön und sprechen das Gemüt an, diese kleinen Kunstwerke aus aller Welt. Wer bekannt sein möchte, wünscht sich sein Konterfei auf einer Sondermarke.

Wohlfahrtsmarken aber wollen nicht nur Postgebühren abwickeln, sondern sie sind durch ihren Zuschlag ein geschätzter Spendenerlös für Kirche und Diakonie. In meinen Pfarrämtern habe ich auch immer solche Aktionen durchgeführt und manchen Betrag für die Gemeinde erlösen können.

In einem Dorf haben wir uns auch um Türkenkinder gekümmert. Einer war besonders „geschäftstüchtig": Er konnte uns im Sommer günstig ein Körbchen mit frischen Heidelbeeren anbieten – bis sich im Frauenkreis herausgestellt hat, dass den Pflückerinnen ihre Sammelkörbchen am Waldrand gestohlen worden waren.

Einmal kam der junge Türke und wollte mir eine Briefmarkensammlung verkaufen. Ich war zunächst skeptisch, aber ich wusste ja, dass er ein eifriger Sammler war. Er zeigte mir sein Briefmarkenalbum – aber leider hatte er alle Marken mit Uhu eingeklebt. „Warum hast du das gemacht?" – „Damit mir keine mehr rausfällt!" Tja, damit waren sie zwar alle fest, aber auch alle wertlos. Ihm kamen die Tränen. Er brauchte das Geld dringend, für was auch immer. Da gab ich meinem Herzen einen Stoß und kaufte ihm das „gesicherte" Album ab. Wenigstens einer hatte Erfolg.

Manche Dinge verlieren ihren Wert, wenn wir sie festhalten wollen. Zu besitzen, als habe man nichts – das ist schwierig. Auch das Leben können wir nicht festhalten. Alexander der Große (356–323 v. Chr.) wollte so beerdigt werden, dass seine Hände aus dem Sarg herausragten, damit alle sehen konnten: Er hat nichts mitgenommen.

*Herr, ich will an nichts hängen bleiben.*

Mark.10,21 | Das letzte Kleid hat keine Taschen | Hütet euch vor dem Geiz

## 87. Gerade Furchen

Mein Großvater war ein fortschrittlicher Mann: Er besaß bereits für die kleine Nebenerwerbslandwirtschaft einen Ein-Achs-Schlepper. Der war laut und nur mit einer Handbremse – aber man konnte mit ihm pflügen und die Früchte nach Hause fahren. Allerdings brauchte man dazu allerhand Geschick.

Als Jugendlicher durfte ich manchmal fahren, vor allem draußen auf dem Feld. Und pflügen. Ich sollte lernen, „gerade Furchen" zu machen, alles andere wäre eine Schande. Aber das Gerät wollte nicht, wie ich wollte. Immer war die Furche krumm.

Mein Opa erklärte mir: „Du musst ganz ans Ende des Ackers schauen. Dort einen Stein oder ein Gebüsch ins Auge nehmen – und immer darauf zulaufen. Nicht zurückschauen. Nur nach vorne. Nur das Ziel im Auge." Das klappte tatsächlich. Ich war ganz stolz! Aber wenn ich mich nur umschaute und mich vergewissern wollte, war schon wieder eine Kurve in der Furche. Also übte ich mich, stur nach vorne zu schauen.

[Heute schaut der Bauer auf seinem Traktor nach hinten und lässt die Räder in der Furche laufen. So ändern sich die Zeiten und die Technik.]

Es gibt eine Aussage Jesu, die mich immer an meine Pflugübungen erinnert, sooft ich Lukas 9,62 lese. Ich habe verstanden: Nach vorne schauen bringt gerade Furchen. Wer zurückschaut, baut Mist. „Der ist nicht geschickt für das Reich Gottes": Das hat mich immer sehr betroffen gemacht. Wohin schaue ich? Hänge ich an dem, was ich bereits hinter mir gelassen habe? Reicht es nicht, wenn ich durch die Furche durch bin, dass ich dann schaue, was geworden ist?

Erinnern ist gut. Aber solange du die Hand am Pflug hast, schau nach vorne. Nimm ein Ziel ins Auge. Gehe zielstrebig voran. Der Erfolg wird sich einstellen.

*Herr, stelle mir das Ziel vor Augen.*

Lukas 9,62 | Geschickt für das Reich Gottes | Das Ziel im Auge

## 88. Jeder mit der Gabe, die er empfangen hat

An einem Silvesterabend erzählte N.N., wie er sich zum Dienst hat rufen lassen: Wir hatten vor Jahren miteinander im Altenheim Gottesdienst gehalten. Anschließend hat es geregnet und wir flüchteten uns in mein Auto. Zeit für Gespräche. Ich fragte N.N., ob er nicht öfter zum Beispiel als Lektor oder Prädikant eine Predigt halten wolle. Das lehnte er ab, da er kein Theologe sei. So schnell wollte ich aber nicht aufgeben, denn für Prädikanten gab es Einführungskurse und Predigtvorlagen.

Nach einiger Zeit entschloss sich N.N. dann tatsächlich zu diesem Dienst: erst die Ausbildung, dann die Gottesdienste. Nicht immer gelang alles auf Anhieb, aber mit der Zeit doch mehr und mehr. Doch die Zweifel blieben. Auch Anfechtung blieb nicht aus. Dann kam ein persönlicher harter Schlag – Diagnose: Krebs. N.N. brachte diese Diagnose sofort mit seinem Prädikantendienst in Verbindung: „Gott straft mich für meine schlechten Predigten. Ich habe es gewusst. Ich habe es nicht gewollt. Volker wollte das. Ich werde nun bestraft. Ich muss sterben."

N.N. und seine Frau besuchten die Jahresschlussfreizeit in einem christlichen Tagungshaus. Dort war es Brauch, dass man um Mitternacht ein Kärtchen mit einem Bibelwort für das kommende Jahr zieht. N.N. zog: Ich werde nicht sterben, sondern leben und des Herrn Werke verkündigen. Psalm 118,17.

Uns erzählte N.N. bei unserem Zusammensein am Jahresende, dass er zunächst das Kärtchen versteckt habe. Er war so erschrocken, dass er den Spruch nicht öffentlich machen wollte. „Gott hat direkt zu mir gesprochen. Ich habe zwei Antworten bekommen: 1. Ich werde nicht sterben, und 2. Ich soll weiterhin predigen."

Es dauerte etwas, bis er diesen Zuspruch annehmen konnte. Dann steckte er das Kärtchen an den Spiegel und freut sich bis heute jeden Tag daran. Noch 17 Jahre lang stand er als Prädikant für seinen Gott ein, bis er aufgrund der vorgegebenen Altersgrenze aufhören musste. „Du bist schuld!", meinte er verschmitzt zu mir, aber das war die leichteste Schuld in jenem Jahr.

*Herr, Anfang und Ende liegen in deinen Händen.*

1. Petrus 4,10 | Sage Ja, wenn Gott ruft | Dienet dem Herrn

## 89. Er der Meister, wir die Brüder

Als junger Anfänger im Pfarrberuf wusste ich nicht so recht, wie ich die Predigthörer im Gottesdienst ansprechen sollte. „Liebe Gemeinde" – so, hatte ich gelernt, sollte ich nicht sagen, denn kein Anwesender war als „Gemeinde" gekommen. Jeder kommt für sich allein, aus seinem Zuhause, und sitzt als eigenständige Person in der Kirche. Jeder hört nur mit seinen Ohren und muss mit seinem persönlichen Leben auf das Wort Gottes reagieren.

„Meine Damen und Herren", das ging nun auch nicht. So spricht man in der Welt. Also wagte ich zu sagen: „Liebe Brüder, liebe Schwestern!" Gleich am nächsten Tag kam harsche Kritik: „Wie kommen Sie darauf, mich als Bruder anzusprechen? Ich bin nicht Ihr Bruder!" Da hatte ich es also, was nun? Jetzt verstehe ich ihn halt nur als „Besucher", obwohl er ein gewählter Mitarbeiter der Gemeinde ist, aber er wollte kein „Bruder" sein, nicht ein „teurer" und nicht ein „treuer Bruder im Herrn".

„Bruder" im Sinne von Glaubensbruder, das hat doch seinen Sinn. Schließlich beten wir in jedem Gottesdienst alle miteinander laut: „Vater unser im Himmel ...„! Wenn wir alle denselben Vater haben, wie wir es im Gebet bekennen, sind wir dann nicht untereinander Brüder und Schwestern? Stimmt doch!

Nun gut, fortan verzichtete ich im Gottesdienst auf die Anrede „Bruder", auch wenn sie der Sache nach richtig gewesen wäre. Ob man sich dann auch im Alltag mit „Bruder Erich" oder „Schwester Emma" anspricht, das ist noch einmal eine ganz andere Sache. In der Gemeinde herrschen ganz sicher andere Sitten als in der allgemeinen Gesellschaft.

*Herr, du bist mein Bruder und in dir habe ich viele Brüder.*

Markus 3,34 | Der Herr ist unser Meister | Wir wollen Ihm untertan sein

## 90. Ein Brief, der schmerzt

Die russisch-orthodoxe Kirche beherrscht in ihrem Bereich alles: „Ein Russe ist orthodox, basta!" Die offizielle Doktrin ist strikt, aber es gibt auch Vertreter mit einem weiten Herzen. Man muss unterscheiden können. Ein trauriges Beispiel möchte ich hier benennen. Namen und Ort lassen wir um der Liebe willen weg.

*Sehr geehrter Herr Volker E. Sailer,*
*ich muss Ihnen mitteilen, dass es in A. keine evangelisch-lutherische Gemeinde mehr gibt. Der letzte Chef dieser Gemeinde, das war mein Onkel, ist zusammen mit seiner Familie nach Deutschland ausgereist. Bitte, lassen Sie uns in Ruhe und schicken Sie uns keine Schriften mehr! Wir sind orthodoxe Christen! Ihre Zeitschriften aber sind voller Schmähungen und Gotteslästerungen! Der, der sich an die Lehre des Ketzers Luther hält, fährt in die Hölle zusammen mit Baptisten, Zeugen Jehovas, Moslems, Atheisten und Papisten (Katholiken). Ihr müsst alle vor Gott Buße tun, zu einem orthodoxen Priester gehen, mit ihm reden, euch bekreuzigen, beichten und Abendmahl nehmen. Vielleicht vergibt euch der Herr eure lutherische Irrlehre, die eine Lästerung gegen Gott den Allmächtigen ist.*

*Es gibt keine nationalen Kirchen, es gibt nur eine Kir-*

*che, nur die orthodoxe Kirche. Alle anderen sind eine Zusammenkunft aller möglichen Irrlehren und Menschenfantasien. Kommen Sie zu sich, überlegen Sie: Es gibt nur ein Leben, höchstens ein paar Jahrzehnte, danach aber das Gericht. Und dann in die Hölle ... Sie tun mir leid. Mit Achtung ...*

Ein russischer Metropolit sagte einmal: „Wer die russisch-orthodoxe Kirche nicht zur Mutter haben will, der kann auch Gott nicht zum Vater haben!" Das meinte also kein laienhafter Fantast, sondern ein offizieller Vertreter, den wir ernst nehmen sollten.

*Herr, du liebst auch diese Brüder, das weiß ich gewiss.*

Lukas 12,51 | Jesus haben sie auch verfolgt | Alles prüfen, das Gute behalten

## 91. Sibirjak

Der „Sibirjak" ist der sibirische Mensch. Seine Umgebung und das Leben in Sibirien haben ihn besonders geprägt, fest und sturmerprobt gemacht.

In unserer Gemeinde in Deutschland, wo ich Pfarrer war, lebte auch eine russlanddeutsche Familie aus Sibirien. Die Babuschka hat sich immer gefreut: „Ah, da kommt der Sibirjak!" Und so blieb dieser Name an mir hängen. Sogar mein E-Mail-Account bekam diese Bezeichnung. Auch der Verein, der unsere Arbeit in Sibirien geistlich, tatkräftig und finanziell unterstützt und mitgetragen hat. Danke!

Als die Partnerkirche von Sibirien mich zur Betreuung des Christus-Kirchen- und Begegnungs-Zentrum Omsk berufen hatte, wusste ich, dass ich nichts dringender brauchte als treue Beter. Man kann einen geistlichen Dienst nicht solo tun. Ich meine nicht nur die Team-Arbeit. Ich meine vor allem, dass man im Rücken einen verlässlichen Freundeskreis oder eine starke Gemeinde braucht. Darum habe ich gleich angefangen, dafür zu beten. Am 2. Januar 1998 hat Gott mein Gebet erhört. Traugott kam auf mich zu: „Wenn Sie jetzt nach Sibirien gehen, dann brauchen Sie doch jemand, der hinter Ihnen steht." Richtig! „Ich habe Erfahrung, wie man einen gemeinnützigen Verein gründet, und wäre bereit, das zu machen." Danke, Gott! Und danke, Traugott!

So wurde der Verein „Sibirjak e.V." gegründet. Neben den vielen Unterstützungen und partnerschaftlichen Verbindungen, die dadurch zustande kamen, hat sich auch der Verein an sich bewährt: Nach meiner Rückkehr im Jahr 2004 war der Sinn des Vereins erloschen, aber viele Freunde sind heute noch mit der Arbeit in Sibirien verbunden, beten dafür, machen Besuche und rufen an, laden Gäste ein und finden immer wieder ein unterstützenswertes Projekt. Danke.

Es bleibt noch viel zu tun. Packen wir's an.

*Herr, vollende dein Werk, wenn du wiederkommst.*

Psalm 32,8 | Gott ist Anfänger und Vollender | Wie Gott uns leitet

## 92. Also sprach Zarathustra

Ich weiß nicht mehr, was mich bewogen hatte, das philosophische Buch von Friedrich W. Nietzsche (1844–1900) zu lesen. Hatte der Untertitel „Ein Buch für Alle und Keinen" mich herausgefordert? Bis dahin kannte ich aus dem Werk nur ein einziges Zitat: „Mein Sohn, wenn du zum Weibe gehst, vergiss die Peitsche nicht!" Ich muss gestehen, ich war viel zu jung und zu naiv, als dass ich das verstanden hätte – aber vielleicht bestand gerade darin der Reiz. Jedenfalls habe ich das Buch durchgeschmökert.

Nietzsche selbst bezeichnete seine Schrift Also sprach Zarathustra als „das tiefste Buch, das die Menschheit besitze". In ihm findet sich das Motiv der Philosophie Nietzsches: der „Tod Gottes". Er hat die Bibel wahrscheinlich abgelehnt. – Zum ersten Mal begegnete ich diesem Gedanken bei ihm, später noch bei anderen Gottesleugnern, bei Jean-Paul Sartre (1905–1980), Franz Kafka (1883–1924) oder Albert Camus (1913–1960). Sie alle haben sich von Nietzsches Denken maßgeblich befruchten lassen, sahen sich allesamt als „Übermenschen", die die „Herrenrasse" hervorheben und den „Untermenschen" biologisch eliminieren sollten.

In jener Zeit verbrachte ich mit einer Jugendgruppe ein paar Tage in einer Jugendherberge. Es war noch eine Studentengruppe im Haus, und mit der hatten wir am Abend eine lebhafte und ausführliche Diskussion. Was Nietzsche anging, war ich wohl beschlagen, ich hatte mich ja gerade eben mit seinen Gedanken befasst.

Ich halte mich weder für einen Philosophen noch für einen Philosophen-Versteher; dieses eine Mal sollte es mir eine Hilfe sein, dass ich einen Philosophen gelesen hatte, aber gern habe ich das Werk dieses scheinbar Geisteskranken wieder weggelegt. In Basel kam er in eine „Irrenanstalt" und starb am 25.08.1900 in Weimar in geistiger Umnachtung.

*Herr, ich bin froh, dass du lebst und mich siehst.*

Psalm 53,2 | „Gelobt sei, was hart macht." | Gott erbarme sich seiner

## 93. Heile du mich, Herr, so werde ich heil

Schon lange hatte ich Herz- und Kreislauf-Probleme; darum schickte mich unser Hausarzt zur Kur. Mit der Bahn fuhr ich 900 km nach Sankt Peter-Ording an der Nordsee. „Die Meeresluft wird Ihnen guttun!" Am nächsten Tag war die Eingangsuntersuchung und am Nachmittag traute ich mir einen Spaziergang am Meer zu. Als ich in mein Quartier kam, war eine Telefonnachricht gekommen: „Papa, komm schnell nach Hause, Mama hat einen Herzinfarkt und liegt im Krankenhaus." So packte ich meinen Koffer wieder zusammen und fuhr auf die gleiche Weise wieder heim. Was war geschehen?

Meine Frau hatte meinen Konfirmandenunterricht übernommen. Zu dieser Gruppe gehörte auch unsere Tochter. Während des Unterrichts bekam meine Frau immer engere Beklemmungen, deshalb schickte sie die Schüler heim und legte sich in der Wohnung auf die Couch. Christine kam auch und sah sie ganz erschrocken an, kniete vor dem Sofa nieder und betete: „Herr Jesus, lass die Mama nicht sterben." Die musste dringend in die Klinik, und so hat man mich eben wieder zurückbeordert.

Als wir beide wieder einigermaßen auf den Beinen waren, sagte unser Hausarzt: „Nun beide zusammen in eine Herzklinik im Schwarzwald und zwar gleich sechs Wochen." Für die Familie war dies natürlich eine Belastung, aber wir bekamen von der Diakonie eine Familien-Helferin zugeteilt. Die Reha haben wir sehr langsam begonnen: erst ein bisschen hinter das Haus gehen, dann eine Runde um das Haus, dann bis zum Wald – und immer in Begleitung einer Fachkraft.

Wie gut, dass es solche Einrichtungen gibt, durch die der Herr für Leib und Seele sorgt. Neben den Ärzten dürfen wir aber Gott vertrauen und ihn um Heilung und nachhaltige Genesung bitten. – Trotz dieser gesundheitlichen Mängel durften wir weiterleben und des Herrn Werke verkündigen.

*Herr, dir sei Dank für jeden Lebenstag.*

Jeremia 17,14 | Unsere Zeit in Gottes Händen | Dienet dem Herrn mit Freuden

## 94. „Nächsten Sonntag bekehre ich mich!"

Es war Abendmahl gefeiert worden und die Aufforderung ergangen, sich zu prüfen, wie man innerlich steht. Solche Mahnungen waren schon dem Apostel Paulus wichtig. Nach dem Gottesdienst, vor allen Leuten, sagte Pauline Becker (ich darf den Namen nennen): „Nächsten Sonntag bekehre ich mich!" – „Als ob man selbst darüber verfügen könnte" – das war mein erster Gedanke.

Pauline war um die siebzig, und erst kürzlich war sie vom Dorf, wo sie immer ins Bethaus ging, in die Stadt gezogen: „Aber ich habe mich nie bekehrt." Wie klar sie das sagen konnte, fast ein wenig kaltschnäuzig. Doch jetzt war für sie die Zeit gekommen. Man kann sich ja jahrelang gerecht vorkommen, bis man endlich merkt, dass man doch ein „unflätiges Kleid" anhat.

Eine Woche später versammelten sich im Bethaus nur wenige. Draußen hatte es minus 25 Grad; das fesselt vor allem die Älteren ans Haus. Nach dem Gottesdienst stand Pauline auf, zog ihren Mantel aus und kam zum Altar. „Was hat sie denn vor?" Sie wolle sich jetzt bekehren, auf der Stelle, und nicht mehr länger warten! Also gingen wir beide bis zur Stufe des Altars und knieten miteinander nieder.

Sie betete echt und bußfertig. Ich achtete auf ihre Worte, damit ich ihr einen Zuspruch oder Bestätigung geben konnte; danach segnete ich sie mit einem Kreuzeszeichen auf der Stirn – und sie ging wieder an ihren Platz zurück. Wie üblich, begrüßten die Glaubensgeschwister die Neubekehrte mit einem Geschwister-Kuss, um sie sichtbar in die Reihe der Gläubigen aufzunehmen. Zum Schluss mussten wir Pauline noch das Lieblingslied ihrer Mutter singen. „Sie hat immer gewollt, dass ich mich bekehre!" – So geschehen am 10. Januar 2004 in Omsk.

Der ganze Himmel hat sich darüber gefreut, das klingt nach bis in alle Ewigkeit. Und nun erlaube mir die Frage: „Hast DU dich schon bekehrt?"

*Herr, zu dir darf ich kommen, wie ich bin.*

Markus 9,24 | Jesus ruft dich | Die Tür steht weit offen

## 95. Der Stammbaum gibt Auskunft

„Die Geschlechtsregister sind einfach nur langweilig", meinen viele und hören schon in Genesis (1. Mose) 5 auf zu lesen oder überspringen die langen Namenslisten. Auch zwei Evangelien geben ein Namensregister an: den Stammbaum von Josef, dem Pflegevater Jesu, in Matthäus 1, und ab Lukas 3,3 sind es die Vorfahren Marias, der Mutter Jesu.

Im Jahr 2017 konnte ich unsere Vorfahren mit dem Namen „Sailer" finden, bis zurück ins Jahr 1617. Das sind 400 Jahre Familiengeschichte. Mir wurde bewusst, dass unsere Kinder kaum wissen, woher sie stammen, deshalb habe ich sofort unseren Stammbaum erstellt – ein umfangreiches Unterfangen. Aber man fragt ja nicht nur: „Wie heißt du?", auch nicht nur: „Wo wohnst du?"; wichtig ist auch: „Wem gehörst du?"

Schon in den 1520er-Jahren hatte die lutherische Reformation im Fürsterzbistum Salzburg viele Anhänger gefunden; aber Erzbischof Matthäus Lang (1519–1540) verbot Bibelbesitz und den evangelischen Glauben und kriminalisierte dessen Anhänger. Auch seine Amtsnachfolger führten diese Maßnahmen gegen die Protestanten weiter. In der Stadt Salzburg lebten um 1600 nur noch wenige „Geheimprotestanten"; unter den Bauern im Pongau und den Bergknappen in den Salzbergwerken des Landes gab es weiter zahlreiche bekennende lutherische Christen. So mussten 1731 rund 20 000 Salzburger aufgrund eines Erlasses ihre Heimat verlassen. Der Großteil der Exilanten floh nach Preußen, andere gingen in die Niederlande, manche schifften nach Kanada und Amerika ein, andere bogen ab nach Süddeutschland und in die Schweiz.

Alle „Sailer", die sich mit „ai" schreiben, sind vertriebene Salzburger. Ich habe solche auch in der Gegend um Königsberg getroffen. Die Mütter mussten wählen: „Bibel oder dein Kind!" Das Leben wurde schwer und in der Heimat unerträglich. – Manchmal wird einem Christen vieles abverlangt, aber ihm ist auch viel gegeben: „Wir leben nicht, um zu sterben, sondern wir sterben, um zu leben!"

*Herr, mache mich zu einem Überwinder.*

1. Johannes 5,5 | Tapfer und treu | Jesu, geh voran

## 96. Familie und Verwandtschaft

Ahnenforschung ist eines, die Pflege der Familienkontakte ein anderes. Manche Menschen kommen nie aus ihrem „Nest" heraus und gehen einander ständig auf die Nerven. Andere Familien wirft es überall hin, beruflich oder durch Heirat oder durch Unternehmungslust. Unsere Familie hielt es auch nicht beieinander aus.

Unser ältester Sohn studierte Medizin. Abitur hier, Praktikum dort, eine Assistenzzeit woanders. Schließlich praktizierte Michael als Oberarzt der Kardiologie in einem Krankenhaus. Aber es gibt auch besondere Möglichkeiten in diesem Beruf. Die Famulatur, das Praktikum in Omsk war eine solche, ein ärztlicher Einsatz in Nepal und Indien eine andere.

Tobias zog es erst nach Kanada, dann wollte er Sport und Mathe studieren, aber es stellten sich gleich zu Beginn körperliche Probleme heraus. Es folgte der Umstieg zum Medien-Designer. Seine Firma hat tausenden Ärzten einen fachlich-medizinischen Erfahrungsaustausch per Internet ermöglicht. Eine Aufgabe mit hohem Schwierigkeitsgrad.

Abends, als die Enkel im Bett waren, saßen wir einmal in einem Ferienhaus zusammen und hörten, was die Männer im Beruf erlebten. Der dritte Abend gehörte dem Schwiegersohn Niels. Seine

Firma entwarf für Villen und Großprojekte die Ausleuchtung des Hauses. Gespräche mit Architekten und Bauherren fordern heraus. Und wie führt man eine solche Firma? Welche Qualitäten braucht man da?

Unsere Tochter Christine und die beiden Schwiegertöchter Ulrike und Alexandra kamen nicht zu Wort, die Zeit war zu kurz. Sie müssen als Lehrerinnen „ihren Mann stehen", und Haushalt samt Kindererziehung erledigen sich ja nicht von allein. Nun verstand auch ich unsere jungen Familien. In Zukunft soll ein besserer Austausch möglich sein, denn das Leben im Beruf und das Zeugnis als Christ sind nicht einfach.

*Herr, mache das Leben unserer Kinder zu einem Gottesdienst.*

Psalm 127,3 | Kind, du bist uns anvertraut | Hoffnung für alle

## 97. Aus einem fernen Land

Ziemlich bald nach unserer Hochzeit nahmen wir einen Jungen aus dem Kinderheim zur Pflege an. Das letzte Schuljahr hat er bei uns gemacht und eine Lehre angefangen; später ging er seinen eigenen Weg, hat geheiratet und Familie gegründet.

Jahre später, es war gerade eine große Flut Asylsuchender aus Eritrea gekommen, kam auch in unser Dorf eine Gruppe dieser schwarzen Emigranten.

J. kam mit seiner Stiefmutter und deren drei eigenen Kindern aus dem Kriegsgebiet am Horn von Afrika. 1993, nach 31-jährigem Befreiungskampf, schien Friede möglich, aber ab 1998 lieferten sich Äthiopien und Eritrea wieder einen Krieg um ein unwirtliches Grenzgebiet. 2017 wollte man sich endlich wieder die Hand reichen.

J. kam in unsere Familie als Pflegesohn, sprach aber kein Wort Deutsch – und schon nach drei Wochen sprach der Siebenjährige kein Wort Tigre mehr, das ist seine Muttersprache. Er fühlte sich bald ganz dazugehörig und sah sich selbst als „Weißer und Schwabe"; jedenfalls beherrschte er den örtlichen Schwarzwälder Dialekt besser als unsere eigenen Kinder, und als er ins Kinderheim Tuttlingen einzog, übernahm er den dortigen Dialekt. Nur dazugehören!

Sein sehnlichster Herzenswunsch aber war, seine Eltern wiederzusehen. Das war schwierig – sein Visumantrag wurde abgelehnt; zudem hatte er seine Muttersprache verlernt und er hatte sich inzwischen taufen lassen. Schließlich konnte er sich im Sudan mit seiner Mutter treffen – nach 37 Jahren! Kann man sich diese Freude vorstellen? Ihm wurde es ein Bedürfnis, dort zu helfen als Dank dafür, dass es ihm so gut ergangen ist.

*Herr, du siehst nach den Armen im Lande.*

Jeremia 31,9 | Gott will trösten und leiten | Nehmt einander an

## 98. Predigtnotizen und Geschichten

Nach 41 Jahren theologischer Ausbildung und vollzeitlichem Dienst als Pfarrer durfte ich 2008 in Pension gehen. Jeder kann sich denken: Wenn man so viele Jahre lang am Wort gedient hat und unzählige Menschen kennen und schätzen lernen durfte, dann kann man nicht einfach nur aufhören und die Hände in den Schoß legen. So war mein Gebet: „Herr, was willst du, dass ich tun soll, denn ich habe jetzt Zeit."

Bei dem Dienst in Sibirien war ich auf einen Übersetzer angewiesen, außer bei einer deutschsprachigen Gemeinde; in jener Zeit versuchten wir, die Gottesdienstsprache von Deutsch auf Russisch umzustellen. So konnten auch die Kinder und Enkel zur Gemeinde kommen und verstehen, wie auch Nachbarn und Kollegen.

Leider waren die meisten Prediger schulisch nicht so gut gebildet und biblisch schon gar nicht. Das war eine Mammutaufgabe. Im Omsker Kirchenzentrum hatte ich zwar einen Übersetzer, aber der wollte bereits am Montag die Predigt schriftlich haben, um sich damit befassen zu können. Montags schon für den kommenden Sonntag, das war neu.

Bald merkten auch andere Verkündiger, dass ich frühzeitig eine Predigt gefertigt hatte. „Dann kannst du uns das doch auch geben!" – Ja, warum eigentlich nicht? Dann fingen wir an, diese Predigt ins Russische zu übersetzen; das hat noch einmal einen großen Kreis von Interessenten hervorgerufen. Die Verbreitung war per E-Mail kein Problem.

So habe ich jeden Montag eine „Predigtnotiz" in Deutsch und Russisch versandt. Man konnte sich daraus einen Gedanken entlehnen oder die Predigtnotiz in der Gemeinde vorlesen. Nach sieben Predigt-Jahrgängen habe ich begonnen, bemerkenswerte Geschichten zu versenden. Alles findet man immer noch auf meiner Website: www.sibirjak.de – eine Fundgrube für jeden, der gern Erwachsenen predigt oder Kinder lehrt.

*Herr, segne dein Wort an allen Herzen.*

Psalm 71,17 | Von Jugend auf gelehrt | Ich verkündige deine Wunder

## 99. Von Gott geführt

In Gedanken und Gebeten war ich schon oft in Russland gewesen, 1988 wurde es endlich Wirklichkeit: Wir besuchten die Christen hinter dem Eisernen Vorhang, wollten sie stärken und trösten. Die Gemeinden waren noch „unter der Decke", erst wenige wagten sich an die Öffentlichkeit des sozialistischen Regimes.

Zuerst mit „Licht im Osten", dann auf eigene Rechnung unternahmen wir jedes Jahr eine Gemeinde-Besuchsreise; daraus wurden Seminare und Evangelisationen. Die Perestroika eröffnete neue Möglichkeiten: In Omsk wurde 1994 ein Kirchen- und Begegnungs-Zentrum eingeweiht. Dafür suchte man einen pastoralen Leiter. Meine Frau und ich wurden angefragt, und im Gebet und im Gespräch mit unseren erwachsenen Kindern haben wir diesen Weg als von Gott gewiesen erkannt. An Pfingsten 1998 wurde ich, Volker E. Sailer, zum Bischof der flächenmäßig größten Kirche der Welt geweiht, der „Evangelisch-Lutherischen Kirche Ural, Sibirien und Ferner Osten" (ELKUSFO). Bis ins Jahr 2004 taten meine Frau und ich diesen Dienst – und danach ehrenamtlich. Kein leichter Dienst!

Oft habe ich mich mit dem Wort beschäftigt: „Lass dir an meiner Gnade genügen, denn meine Kraft ist in den Schwachen mächtig." Manchmal habe ich gebetet: „Herr, meine Schwachheit habe ich nun gespürt, wann kommt Deine Kraft?" Wir mussten auch schwere Krankheitszeiten durchstehen. Ein Freund meinte einmal: „Du willst wahrscheinlich, dass man dich mit dem Kopf voraus aus Russland hinausträgt." Nun, dazu wäre ich auch bereit gewesen, wenn es Gottes Wille gewesen wäre. Aber Er wollte es offenbar anders.

Wir haben lange nicht alles erreicht, was denkbar gewesen wäre. Aber Gott kann aus dem Samen eine Pflanze machen und aus der Pflanze eine Frucht erwachsen lassen. Darum bete ich immer noch. Vielen durfte ich den Weg zum ewigen Leben zeigen, jetzt strebe ich selber ihm zu. Es sei heute oder morgen: ... ab jetzt immer!

*Herr, dein sei mein ganzes Leben.*

2. Korinther 12,9 | Die Gnade allein genügt | Mehr brauchst du nicht

## Du und Gott

Es steht in Deiner Macht, Gott loszulassen,
doch hindern kannst Du nicht, dass Er Dich hält.
Es steht in Deinem Willen, Gott zu hassen,
und dennoch liebt er Dich, Du Kind der Welt.

Du kannst Dich gegen Christus frei entscheiden,
auf Golgatha entschied Er sich für Dich!
Du kannst sein Wort und seine Kirche meiden,
doch immer suchen Wort und Kirche Dich.

Du kannst Dir selber Deine Wege suchen,
doch hindern kannst Du nicht, dass Gott
Dich führt.
Du kannst Gott leugnen, seiner Allmacht fluchen,
doch hindern kannst Du nicht, dass Gott regiert.

Elfriede Mörlin (1892–1975)

# Inhalt

Vorworte ............................................................. 5

1. Die Güte des Herrn ist alle Morgen neu ..... 12
2. Der Glaube will ernst genommen werden ... 14
3. Weise mir, Herr, deinen Weg ...................... 16
4. Ehe sie rufen, will ich antworten ................. 18
5. Bei Gott bin ich sicher ................................. 20
6. Jesus ist unser Nothelfer .............................. 22
7. Vom Wert der Verschwiegenheit ................. 24
8. Man kann Gott um alles bitten .................... 26
9. Dein Wort ist meines Fußes Leuchte .......... 28
10. Niemand kann zwei Herren dienen ............. 30
11. Wer gestohlen hat, stehle nicht mehr .......... 32
12. „Gell, Sie mögen mich?" .............................. 34
13. Tödliches Schweigen ................................... 36
14. Christus-Kirchen- und Begegnungszentrum
    Omsk ............................................................ 38
15. Sein Name ist: Das Wort Gottes ................. 40
16. Das ganz große Geschenk ............................ 42
17. Chinesen lesen die Bibel richtig .................. 44
18. Keiner soll leer ausgehen ............................. 46
19. Die Ablehnung der Welt .............................. 48
20. Licht im Dunkeln ........................................ 50
21. Nomen est omen .......................................... 52
22. Jesus zum Geburtstag einladen .................... 54
23. Die Tanzschuhe ........................................... 56
24. Braucht ihr das alles noch? .......................... 58
25. Gott gibt am liebsten große Gaben ............. 60
26. Größer als der Helfer ist die Not ja nicht! ... 62
27. Hören oder fühlen ....................................... 64
28. Und führet mich auf rechter Straße ............. 66
29. Die Weinprobe ............................................. 68

30. Was den Augen verborgen bleibt ............... 70
31. Konfirmation heißt „Befestigung" ............. 72
32. Der Sohn Gottes macht wirklich frei .......... 74
33. Rechtes Hören schafft rechtes Reden ......... 76
34. Humor ist eine Gottesgabe ......................... 78
35. Ein halber Christ ist ein ganzer Unsinn ....... 80
36. „Heute wird es dir schlecht gehen!" ............ 82
37. „Ich lüg' nicht mehr!" ................................. 84
38. Fußball-Weltmeisterschaft 2018 ................. 86
39. „Mein Papa ist – nichts! ............................. 88
40. Ehrlichkeit kostet 189,60 Euro ................... 90
41. Ich glaube, hilf meinem Unglauben! ........... 92
42. Ihr sollt vollkommen sein .......................... 94
43. Betet ohne Unterlass .................................. 96
44. Mache dich zum Vorbild ............................ 98
45. Hausbesuch (un)erwünscht ........................ 100
46. Der Herr ist mein Arzt ............................... 102
47. Der Mensch ist zum Leben bestimmt ......... 104
48. Es geht ums Ganze .................................... 106
49. Mit dem Mühlstein ins Meer versenkt ....... 108
50. Hochmütiger Bischof unterdrückt
    Gemeinden ................................................. 110
51. „Wie alt sind Ihre Füße?" ........................... 112
52. Missiona re ohne Plastikgeld? .................... 114
53. Mit ganzem Herzen Dienstaushilfe ........... 116
54. Betet für die, die euch beleidigen ............. 118
55. „So will ich nicht mehr leben!" .................. 120
56. Das Weihnachtslamm ................................ 122
57. Heiliges Russland ...................................... 124
58. Eine, die ihre Sünden abgeben wollte ....... 126
59. Ostern durch Kinderaugen ....................... 128
60. „No' nix schenke lasse!" ............................ 130
61. Vom Opernsänger zum Evangeliums-
    sänger ........................................................ 132
62. Die Zuckerstange ...................................... 134
63. Haus der Barmherzigkeit .......................... 136
64. Das Zehnerle fürs Negerle ........................ 138
65. „Faschisten raus!" ...................................... 140
66. Jesus ist Sieger! .......................................... 142
67. „Da unten liegt eine!" ................................ 144

| | |
|---|---|
| 68. Wildes Sibirien | 146 |
| 69. Bibelschule gründen | 148 |
| 70. Zum Abschied gezwungen | 150 |
| 71. Der heilige Valentin | 152 |
| 72. Gelähmt bis zum Hals | 154 |
| 73. Stille Zeit | 156 |
| 74. ETB – Evangeliums-Team für Brasilien | 158 |
| 75. Spannende Geschichten | 160 |
| 76. Papua-Neuguinea | 162 |
| 77. Im Flugzeug | 164 |
| 78. „Da müssen Sie mal mit hin!" | 166 |
| 79. Lebensretter | 168 |
| 80. Grabsteine können lügen | 170 |
| 81. Sieben Fragen aus der Bibel | 172 |
| 82. Aus dem Tod gerettet | 174 |
| 83. Wie man sich bekehrt | 176 |
| 84. Missionare kennenlernen | 178 |
| 85. Iljas neue Schuhe | 180 |
| 86. Wohlfahrtsmarken | 182 |
| 87. Gerade Furchen | 184 |
| 88. Jeder mit der Gabe, die er empfangen hat | 186 |
| 89. Er der Meister, wir die Brüder | 188 |
| 90. Ein Brief, der schmerzt | 190 |
| 91. Sibirjak | 192 |
| 92. Also sprach Zarathustra | 194 |
| 93. Heile du mich, Herr, so werde ich heil | 196 |
| 94. „Nächsten Sonntag bekehre ich mich!" | 198 |
| 95. Der Stammbaum gibt Auskunft | 200 |
| 96. Familie und Verwandtschaft | 202 |
| 97. Aus einem fernen Land | 204 |
| 98. Predigtnotizen und Geschichten | 206 |
| 99. Von Gott geführt | 208 |
| Du und Gott | 210 |
| Inhaltsverzeichnis | 211 |

## In Vorbereitung zur Neuauflage:

**Johannes Seitz: Erinnerungen und Erfahrungen mit meinem wunderbaren Gott** (Hardcover 262 S.)

Der Bauernjunge aus dem Schwarzwald wurde eine der prägenden Gestalten der Erweckungsbewegung zu Beginn des vorigen Jahrhunderts. Johannes Seitz gründete die Karmelmission und der Württembergische Brüderbund geht auf seine evangelistische Arbeit zurück. In der spannenden Autobiographie berichtet er von Gottes Wirken in der Erweckungszeit, von Gebetserfahrungen, von Heilungen und Befreiungen aus okkulten Bindungen, die er in seinen Gästehäusern erlebt hat. Seine Erfahrungen mit verschiedenen religiösen Irrwegen sind für unsere Zeit mit all ihren geistlichen Strömungen und aller Beliebigkeit nach wie vor wegweisend und erstaunlich aktuell.

## Weitere Biographien, die wir empfehlen:

**Friedrich Hauß: Erfahrungen mit Gott in Krieg und Wiederaufbau** (Pb. 128 S.)

Wunder der Bewahrung, Wunder des geistlichen Aufwachens, Wachsens und Festwerdens. Autobiographische Erinnerungen des Pfarrers und späteren Dekans Friedrich Hauß (1893–1977) aus bewegter Zeit. In den beiden Weltkriegen und in den Neuanfängen nach dem jeweiligen Kriegsende erlebte er Gottes Bewahrung und Eingreifen auf vielfältige Weise. Seine Karlsruher Johanniskirche musste nach dem Bombenangriff neu gebaut werden. Noch mehr ging es ihm jedoch um den Aufbau der Menschen und der Gemeinde. Auch hier durfte er Wunder erleben. Ein motivierendes Buch, das wir jedem Pfarrer und jedem, der an Geschichte und an Biographien interessiert ist, empfehlen. Ein Buch das die Wichtigkeit kirchlicher Gemeindearbeit und von Gottes Wort geprägten Gemeindeaufbaus deutlich macht.

Verlag Linea, 75323 Bad Wildbad, www.verlag-linea.de

**Ernst Schultze-Binde: Fritz Binde – Ein Anarchist wird Evangelist der Gebildeten** (Hardcover 240S.)

Der innerlich von Unruhe getriebene Uhrmacher Fritz Binde (1867–1921) schloss sich freidenkerischen Kreisen an und hoffte, hier seine Ideale vom Guten und Schönen zu verwirklichen. Doch mehr und mehr entwickelte er sich zum kritischen Denker und Zweifler.

Dann feierte er Erfolge in der Arbeiterbewegung – als Schriftsteller und Redner. Doch letztlich blieb er unzufrieden und unerfüllt. Schließlich wird gerade ein persönlicher Zusammenbruch zu einem neuen Anfang: Fritz Binde findet zum Glauben an den verborgenen und doch lebendigen Gott.

**Walter Thieme: Mutter Eva** (Pb. 344 S.)

Der Biographie über Eva von Tiele-Winckler spürt man ab, wie dieses tiefe, hingegebene geistliche Leben und die in vielen Anfechtungen und Kämpfen gereifte Persönlichkeit auf ihre Umwelt gewirkt hat. Walter Thieme ist es gelungen ein verstehendes Bild des Erlebens und des Glaubens von Mutter Eva zu zeichnen. Das kann uns heute ein Ansporn für wirkliche Hingabe und für ein Leben des Dienens sein.

**Anna Katterfeld: Elvine de La Tour - Aus Liebe zu Gott und den Kindern** (Pb. 179 S.)

Anna Katterfeld erzählt in ihrer warmen und mitreißenden Art die Lebensgeschichte der Gräfin Elvine de La Tour, die ihr Leben und ihren Wohlstand für Waisenkinder und Arme einsetzte. Eine Lebensgeschichte die zeigt, wie Gott in seinen Dienst rufen kann und wie er ein Leben reich macht, das Ihm vorbehaltlos gegeben wird.

Verlag Linea, 75323 Bad Wildbad, www.verlag-linea.de